22/4/98

Médecins Sans Frontières
Artsen Zonder Grenzen
Projets Belges - Belgische Projekten
Rue d'Artois 46 Artesiestraat
Bruxelles 1000 Brussel
Tel 02/513.25.79 - Fax: 02/513 27 47

Cher Swen,

Nous tenions par ce modeste présent à te remercier de ta précieuse et sympathique collaboration à notre projet.

Bon vent et bonne route sur les sentiers du Monde.

Donne-nous de tes nouvelles.

D1729813

Bon voyage
Vincianne   Lucie   Pascale

Bises et
carpe Diem !

DÉRIVES NORD

DES AUTEURS DU SUD COMMENTENT
L'EXCLUSION DANS LES PAYS OCCIDENTAUX

**Un projet de Médecins Sans Frontières-Belgique
d'après une idée originale et une conception de Manuela Varrasso et Carol Sacré.
Nous remercions chaleureusement les auteurs pour leur confiance et leur participation.
Ainsi que Christian Caujolle et Stéphane Dubreuil de l'agence VU, Paris.**

Direction artistique, contact avec les écrivains et photographes : Manuela Varrasso
Responsable de projet : Carol Sacré
Promotion et relations presse : Anouk Delafortrie
Rédaction des biographies : Anne-Françoise Moyson
Traduction du texte d'Eduardo Galeano : Georgy Aragonés-Melhem

REMERCIEMENTS

Aux auteurs et photographes qui, pour diverses raisons, n'ont pu être intégrés au projet.
Qu'ils trouvent dans ces lignes l'expression de notre reconnaissance, la même que celle que nous destinons
à ceux dont les œuvres ont été retenues.

A la directrice du département Communication de la section belge de Médecins Sans Frontières, Gerda
Bossier, qui a accordé sa confiance et son soutien au projet. Que toute l'équipe du même département soit
ici aussi remerciée pour son soutien permanent, et tout particulièrement, Anouk Delafortrie, Brigitte
Jaspard, Bettina Saerens, Marije van Breda.

A Peter Casaer, Thierry Coppens, Tareck Daher, Benoît Deneys, Alain Devaux, Pierre Humblet, Walter
Kessler, Alex Parisel, Thierry Tenret, Stephan Van Praet, Ulrike Von Pilar de MSF ; Alain Kazinierakis et Roger
Job, pour avoir relu les textes, commenté les images et réfléchi à la conception de l'ouvrage.

Aux équipes de Médecins Sans Frontières à Bruxelles, Paris et Barcelone, pour leur accueil et leur collaboration au reportage de Marcel Leroy. Au *Soir illustré* (Bruxelles).

Aux équipes des agences de photographes Amazonas Images, Contact Press Images, Cosmos, Editing,
Magnum, Metis et VU (Paris) et bien d'autres en Europe, qui nous ont gentiment guidés dans leurs archives
et conseillés. A Christophe Blazer et Charles-Henri Favrod du musée de l'Elysée (Lausanne) pour le foison-
nement de ses idées et ses longues lettres... A Janine Altongy-Richards, Many Voices (New York) et Yoshiko
Murakami (Paris) pour leur aimable participation.

A tous ceux et celles qui nous ont permis d'identifier les auteurs et les photographes, et plus particulièrement les ambassades
d'Afrique du Sud à Bruxelles et de Belgique à Alger ; Edith Bonnet, ambassade du Mozambique à Bruxelles ; Colette
Braeckman, *Le Soir*, Bruxelles ; Lavinia Browne, Truth and Reconciliation Commission, Afrique du Sud ; James Burnett ;
Emanuelle Césaire ; Françoise De Moor, CEC, Coopération Education et Culture, Bruxelles ; Christiane Favard, CGRI,
Commissariat Général aux Relations Internationales de la Communauté Française de Belgique ; Ngoné Fall, *Revue Noire*, Paris ;
Marie-Soleil Frère ; Latifa Gadouche ; Albert Gérard ; François Houtard, CETRI, Centre Tricontinental, Louvain-la-Neuve ;
Brigitte Kaquet, Cirque Divers, Liège ; Evelyne Kumasamba, Délégation Wallonie-Bruxelles à Kinshasa ; Catherine Labbé ;
Union européenne, Bruxelles ; Mme Marigo, CEREDAF, Centre de recherches et d'études documentaires sur l'Afghanistan,
Paris ; Jean-Paul Martoz, Human Rights Watch, Bruxelles ; Christelle Prouvost ; l'équipe de Reporters Sans Frontières, Paris ;
Alain Ricard ; Doris Schopper, MSF International ; Pape Sene ; Laurence Vanpaeschen, C 4, Liège ; Teun Voeten et Chantal
Zabus.

DÉRIVES NORD

DES AUTEURS DU SUD COMMENTENT
L'EXCLUSION DANS LES PAYS OCCIDENTAUX

*Un projet de Médecins Sans Frontières-Belgique
réalisé avec le concours enthousiaste de :*

RICCARDO PETRELLA

PIERRE HUMBLET ET STEPHAN VAN PRAET

ALAIN KAZINIERAKIS • EDUARDO GALEANO

KADIR VAN LOHUIZEN • MALIKA BOUSSOUF

SEBASTIÃO SALGADO • ELIAS SANBAR

STEVE HART • LAËNNEC HURBON

JEAN-FRANÇOIS JOLY • TIERNO MONENEMBO

JANE EVELYN ATWOOD • LYE M. YOKA

EUGENE RICHARDS • DESMOND TUTU

PAOLO PELLEGRIN • GASANA NDOBA

MARCEL LEROY

ACTES SUD /

SOMMAIRE

Retrouver le nord

De l'exclusion à l'apartheid social : regards du Nord, paroles du Sud

L'exclusion semble être devenue la grille de lecture obligée pour qui s'exprime sur les réalités sociales contemporaines, mais aussi un mode de consensus – comment contester la nécessité de lutter contre elle ? – qui permet trop souvent de faire l'impasse sur l'analyse des mécanismes qui la génèrent.

Exclusion, un mot qui égare. Un chœur de voix unanimes nous affirme que la planète entière suit désormais la seule voie raisonnable qui soit : celle de l'économie et des marchés, que la prospérité du plus grand nombre est à portée de main pour peu qu'on laisse agir librement les mécanismes qui, de tout temps, ont organisé la vie sociale des hommes ; que l'inadaptation de quelques-uns ne peut conduire à la remise en cause d'un système profitable à tous les autres et que ceux qui, par accident, ne jouissent pas aujourd'hui des bienfaits auxquels tous sont promis peuvent bénéficier d'une action charitable.

Ce livre parle bien d'exclusion mais il nous dit que nous faisons fausse route. Exclusion ne rime pas avec marginalité. L'exclu n'est pas victime d'un phénomène naturel ; il n'est pas un affligé qu'il convient seulement de prendre en charge. L'exclusion n'est pas inéluctable, pas plus qu'elle n'échappe à la responsabilité politique. Elle n'est pas un effet secondaire mineur et temporaire du fonctionnement normal d'une société capable d'évoluer, l'inévitable revers d'une brillante médaille, pas plus qu'elle n'est la conséquence d'une faute individuelle : celle de n'avoir pas su faire ce qu'il fallait pour mériter sa place.

Ce livre, c'est le regard de photographes du Nord allié à la parole de femmes et d'hommes du Sud qui nous disent que ce qui est à l'œuvre dans notre société occidentale, et que nous voudrions l'effet d'une conjoncture à laquelle mettra fin la première embellie économique venue, est depuis longtemps à l'œuvre dans le reste du monde, où le rapport des nombres rend le terme d'exclusion dérisoire. Comment parler d'exclusion quand la majorité connaît la misère ?

Ensemble, ils nous parlent de notre monde qui a érigé la ségrégation en système, d'un monde qui n'est plus seulement inégalitaire – là encore, ceux d'en bas vivaient avec ceux d'en haut, dans le même monde, même s'ils y étaient combattus, exploités, regardés comme à plaindre ou à redouter – mais dans lequel ceux du "dedans" et ceux du "dehors" vivent désormais dans des univers juxtaposés et ne se rencontrent plus.

Ils nous donnent à voir les conséquences du projet d'une société qui met à l'écart une part grandissante de ses membres et les conduit à la précarité, non seulement dans leurs moyens d'existence mais aussi dans leur statut même de citoyen. Improductifs – trop vieux, trop jeunes, trop étrangers –, les individus se voient privés de facto du droit de participer au monde auquel ils croient appartenir.

Ils nous disent le silence assourdissant de ces millions de gens sans travail qui, d'ores et déjà exclus, vivent dans la crainte d'une exclusion plus irrémédiable encore et qui gardent le silence pour conserver une chance d'être réintégrés, réhabilités, enfin invités à la table du banquet, fût-ce au bas bout, là où les plats, lorsqu'ils arrivent, sont presque vides. Ils nous montrent l'inexistence de ces millions de vieux, rangés à l'écart en attendant la fin, qui, conformément à ce que leur monde attend d'eux, disparaissent en s'excusant d'être encore là. Ils nous parlent de notre peur de l'étranger, de l'intrus venu chercher dans notre monde ce qui y est désormais refusé à beaucoup d'entre nous : le droit d'exister.

Il n'y a qu'un seul monde. Cette affirmation est à la fois une idée que le "sans-frontiérisme" a tenté de traduire en actions depuis vingt-cinq ans partout dans le monde, mais c'est aussi une réalité : aucun mur n'est infranchissable, aucune barrière ne permet d'endiguer longtemps la misère ; tous finissent un jour ou l'autre par s'effondrer. C'est pourtant à l'élévation d'un nouveau mur qu'on assiste aujourd'hui, à l'intérieur même de notre société.

PIERRE HUMBLET, STEPHAN VAN PRAET,
Médecins Sans Frontières

Carte blanche à Riccardo Petrella

Le temps de la révolte : pour un contrat social mondial

A la fin des années soixante et au début des années soixante-dix, deux mouvements différents mais inter-reliés d'irruption sociale ont déstabilisé, provisoirement, les idéologies, les institutions et les pouvoirs dominants de l'époque : ils exprimaient une révolte. La révolte, d'une part, des "enfants" des vingt-cinq "glorieuses" années de croissance économique des pays les plus nantis de la planète, contre la massification et la marchandisation croissantes des êtres humains. Ce fut, en particulier, le mouvement étudiant de 68. La révolte, d'autre part, de la nature – par les hommes interposés – grâce au développement d'un puissant courant écologique contre la dilapidation des ressources naturelles et la destruction de l'environnement.

Les conditions sont telles aujourd'hui qu'un nouveau "temps de révolte" est en émergence et paraît de plus en plus justifié, nécessaire. Les phénomènes qui poussent à ce nouveau "temps de révolte" font désormais partie de notre vécu quotidien.

On se sent de plus en plus réduits à des outils, à des objets : nous sommes tous devenus des "ressources humaines". On n'est plus des travailleurs, des cadres, des paysans, des employés, des professeurs. Tout devient "marchandise", "marché". Dès que l'on n'est plus une ressource utile et utilisable, on est jeté à la poubelle, éliminé, exclu.

Il y a de moins en moins de solidarité, de respect, d'amour, de tolérance entre les personnes, les groupes sociaux, les peuples, les régions. Nous avons été tous poussés à ne penser et à ne viser qu'à notre propre survie, notre intérêt, subordonnant tout au dit "impératif de la compétitivité". L'individualisme a été érigé en principe fondateur de la société actuelle. Il faut être compétitif. L'entreprise doit être compétitive. L'objectif est de "gagner". Les villes, les nations doivent être compétitives.

Même les pays d'Afrique, le Bangladesh, l'Ouzbekistan ! La Banque Mondiale, le Fonds Monétaire International et l'Organisation Mondiale du Commerce ont convaincu ces pays que la solution de leurs problèmes passe par leur insertion dans l'économie mondiale et par leur compétitivité sur les marchés mondiaux. Dans les écoles de business et de management de tous les pays du monde, et notamment aux Etats-Unis et au Royaume-Uni, on enseigne principalement comment éliminer le concurrent, comment "tuer" le concurrent. Les plus forts gagnent, créant autour d'eux abandon, misère, pauvreté, exclusion. Les riches du monde font appel à la rationalité des règles du jeu qu'ils ont imposées et à la rentabilité maximale des capitaux mondiaux sur lesquels ils revendiquent libre accès et totale capacité d'utilisation en dehors de tout contrôle politique et social.

Il n'est pas étonnant, dès lors, que même les jeunes patrons de France trouvent dans ces conditions leurs "raisons d'une colère[1]" . "Entre l'entreprise et la société, le divorce est consommé, écrivent-ils (...). Depuis vingt ans l'entreprise, pour gagner, fait perdre la société (...). Chefs d'entreprise, pris de plein fouet par des contraintes de productivité, de qualité, d'adaptabilité, nous avons été conduits à privilégier l'économique plutôt que le social, le court terme, plutôt que le long terme[2]."

La puissance de la ségrégation, ou l'exclusion sans retour

Le paradoxe est évident : plus les technologies que nous inventons et produisons nous permettent de transformer notre monde en une "très grande machine mondiale", que ce soit dans l'automobile (plus de cinq cents millions de voitures circulent de par le monde) ou dans les télécommunications (il y a plus de six milliards de téléphones), et plus nous nous apercevons que les inégalités entre les personnes, les groupes sociaux, les

1. Titre de la préface de leur ouvrage, Centre des jeunes dirigeants d'entreprise, *L'Entreprise au XXIe siècle*, Flammarion, Paris, publié en avril 1996.

2. *Idem*, p. 7, 10.

villes, les régions et les pays ne font qu'augmenter. La seule ville de Tokyo (vingt-trois millions d'habitants) a plus de lignes téléphoniques que l'Afrique tout entière (sept millions de personnes).

Au cours des trente dernières années, la part de la richesse mondiale détenue par les 20 % des personnes les plus pauvres de la planète est tombée de 2,9 à 1,4 % alors que celle des 20 % les plus riches est passée de 70 % à 85 %. Depuis 1980, plus d'un milliard de personnes ont vu leur revenu régresser. D'ailleurs, on n'a jamais autant parlé d'exclusion, de fracture sociale, de retour massif de la misère que ces quinze dernières années[3].

La société mondiale de cette fin de siècle est marquée par le passage d'une société inégalitaire à une société ségrégationniste.

Dans la société inégalitaire, la possibilité existait pour les plus pauvres et les plus faibles de "s'en sortir", d'être "citoyen" (malgré les nombreuses limitations), grâce surtout aux mécanismes de solidarité entre les personnes, les régions et les générations assurés par "l'Etat du bien-être" (le *Welfare State*). Ainsi, au cours de ce siècle, la tendance a été vers un progrès socio-économique durable : les conditions des fils étaient meilleures que celles de leurs pères, comme ceux-ci avaient été mieux que leurs pères, etc. Depuis vingt ans, cette tendance a été cassée. Il n'est pas certain que nos enfants seront mieux que nous. C'est que les logiques de ségrégation l'ont emporté sur les logiques de cohésion : celui ou celle qui sort ou est éjecté(e) du système, notamment lorsqu'il (elle) perd son emploi, a de très grandes difficultés de réintégration. Il (elle) en est sorti(e) pour toujours.

Ainsi, les indicateurs socio-économiques de l'inégalité entre les personnes et les régions montrent de nouveau, dans les pays de l'Union européenne, une tendance à la hausse à partir de 1975.

L'expression la plus marquante de la ségrégation actuelle n'est pas entre les pays très pauvres et les pays très riches. Ce qui, bien entendu, constitue déjà en soi un désastre mondial sans limites. Ce qui est nouveau et

3. Les données mentionnées sont extraites du rapport du PNUD, *Rapport sur le développement humain*, 1995, New York, 1996.

"marquant", c'est la ségrégation devenue système au sein même des régions et des pays les plus développés du monde. La ségrégation s'est désormais installée au cœur du système économique et social dominant. Le cas des exclus des soins (sans-abri, personnes malades du sida, demandeurs d'asile, réfugiés, clandestins...) est, à cet égard, très éclairant.

La baisse généralisée du revenu moyen disponible au sein des pays de l'OCDE (Amérique du Nord, Europe occidentale, Japon, Australie, Nouvelle-Zélande) en témoigne. Les habitants des Etats-Unis forment, en moyenne, une masse considérable de grands pauvres : 1 % de la population possède 44 % de la richesse du pays. Pourquoi ? Les raisons sont multiples. Les logiques de ségrégation figurent parmi les plus importantes. Un exemple parmi d'autres : IBM a mis en 1995 en préretraite anticipée environ quatorze mille ingénieurs dont, pour la plupart, la grande faute était d'être "vieux" (car âgés de plus de cinquante-deux ans) et d'être devenus une "ressource humaine" aux compétences obsolètes et trop coûteuse pour être "recyclée". Classer les personnes comme des ressources humaines non recyclables constitue précisément l'une des sources principales de la ségrégation sociale.

Ces dernières années, il y a eu des dizaines de millions d'ouvriers, de paysans, d'enseignants, d'infirmiers qui ont été "exclus" car ils ont été considérés "vieux", obsolètes, non recyclables. Il en va de même des millions de jeunes laissés sur le carreau car "trop jeunes", "sans expérience", même lorsqu'ils possèdent de "hautes formations".

La ségrégation est l'inévitable conséquence des principes idéologiques et des pratiques socio-économiques qui ont réussi à s'imposer partout dans le monde en hommage à "l'Evangile de la compétitivité" et à "la Sainte Trinité" de la libéralisation, de la déréglementation, de la privatisation[4].

Le principal choix, opéré par les groupes dirigeants de nos pays, dans les années soixante-dix à partir des Etats-Unis et puis en Europe occidentale et au Japon, a été celui de la création d'un seul grand marché mondial intégré

4. Cf. R. Petrella, "L'Evangile de la compétitivité", *Le Monde diplomatique*, sept. 1991 et, du même auteur, "Litanie de la Sainte Trinité", *Le Monde diplomatique,* mars 1994.

autorégulateur. L'avenir du monde est vu principalement en termes d'élargissement et d'intégration de marchés. Le monde n'est qu'une série de marchés à conquérir. Dès lors, l'impératif primordial de tout agent économique privé est la conquête de quotes-parts les plus larges possibles des marchés mondiaux, faute de quoi il risque d'être éliminé par d'autres concurrents plus forts.

Concrètement, la construction actuelle du marché mondial intégré passe par des guerres technologiques, industrielles, commerciales et financières sans merci. La guerre de la compétitivité doit jouer à fond dans la totale ouverture des marchés nationaux et internationaux. Libéralisation, déréglementation, privatisation, tels sont les principes imposés par les entreprises privées les plus puissantes des pays développés de la planète et relayés par la Banque Mondiale, le FMI et l'Organisation Mondiale du Commerce.

La libéralisation des marchés signifie que les voitures européennes doivent se vendre au Japon ou au Brésil sans que ces deux pays mettent des tarifs douaniers à l'importation des voitures ou établissent des contingents à l'importation. De même, elle signifie qu'une compagnie de téléphone américaine peut s'installer en Belgique librement et vendre des lignes téléphoniques en compétition envers Belgacom et d'autres compagnies européennes de téléphone installées elles aussi en Belgique. La libéralisation des mouvements des capitaux à travers le monde est devenue la formule la plus importante du processus de libéralisation : grâce à elle nous avons assisté à la croissance d'un capitalisme mondial, remplaçant graduellement les divers capitalismes nationaux.

Pour bien fonctionner, la libéralisation doit cependant s'accompagner de la déréglementation de l'économie. La déréglementation signifie la réduction, voire l'élimination de la fonction régulatrice de la part de l'Etat[5]. Cette fonction est dévolue de plus en plus aux "libres" forces du marché. Ainsi, par exemple, dans le domaine des télécommunications, les règles de fonctionnement des marchés libéralisés du téléphone (qui construit les infrastructures et comment, qui produit et vend à quel prix les terminaux

5. *The Economist* du 26 mai 1995 a lancé une campagne en faveur de "Reinventing the State". Selon la prestigieuse revue anglo-saxonne tout doit être laissé à la régulation par le marché.

téléphoniques, quels services téléphoniques sont assurés et à quels tarifs ?...) sont établies par les entreprises privées elles-mêmes.

A son tour, la déréglementation appelle la privatisation de pans entiers de l'économie selon le double principe : tout ce qui est public doit être privatisé, tout ce qui est privatisable doit être privatisé[6]. C'est ainsi que la vague de privatisations déferle depuis une vingtaine d'années partout dans le monde, renversant toute résistance sur son chemin. Tous les domaines sont attaqués : le rail, l'avion, l'eau, le gaz, l'électricité, les transports urbains, les hôpitaux, les banques, les assurances, l'éducation, les services sociaux...

Les résultats de ces logiques de guerre et de conquête sont sous nos yeux :

– si vous n'êtes pas un producteur performant et un consommateur solvable, vous n'existez pas. Vous n'êtes intéressant pour personne, vous êtes délaissé, abandonné, largué, comme une "ressource humaine" inutile ;

– ces logiques s'appliquent également aux universités, aux écoles, aux villes, aux régions, aux pays. L'Afrique est abandonnée. L'Ouzbekistan, le Bangladesh, le Venezuela n'attirent plus les investissements étrangers. Les universités africaines ferment les unes après les autres ;

– les marchés financiers sont devenus les paramètres de référence, les juges des choix politiques, les jurys qui donnent les prix, sélectionnent les meilleurs, déclassent les pays. Aucun des pays d'Afrique, d'Amérique latine et d'Asie (à l'exception du Japon et des "dragons" de l'Asie du Sud-Est) ne figure parmi les vingt pays les plus attractifs du monde du point de vue financier. Il s'agit d'un état de fait extrêmement déplorable et dangereux. Les marchés financiers opèrent dans un contexte de grande instabilité monétaire (et cela depuis 1971, suite à la déclaration de Nixon de la non-convertibilité du dollar). En outre, depuis la libéralisation des mouvements des capitaux au départ et en direction des Etats-Unis, proclamée par le

---

6. Voir à cet égard B. Martin, *In the Public Interest ? Privatisation and Public Service Reform*, Zed Books, London, 1993, et G. de Sélys, *Privé de public, à qui profitent les privatisations ?*, éditions EPO, Bruxelles, 1996.

même Nixon en 1974, les marchés financiers se caractérisent par la domination des transactions de nature spéculative. Sur les 1,4 milliards de dollars qui circulent librement par jour à travers les marchés des capitaux mondiaux, 10 % seulement sont destinés à financer le commerce et les investissements directs à l'étranger, visant à augmenter les capacités de production de la richesse. Les 90 % restants ne créent aucune richesse nouvelle. Ils sont purement spéculatifs. Ils représentent un phénomène gigantesque de prédation légalisée de la richesse des gens et des nations[7].

Les marchés financiers ont réussi à se libérer de tout contrôle de la part du politique, représentatif, démocratiquement élu, notamment dans les pays "occidentaux" et "occidentalisés". Ils ont fait mieux : ils ont mis la politique sous leur contrôle[8]. Depuis, ils prétendent – eux dont le désordre et l'anarchie n'ont d'égal que le désordre et l'anarchie des jeux de hasard – servir l'intérêt général en tant que contrôleurs de l'épargne et des avoirs financiers. Ils prétendent assurer la "discipline" budgétaire des Etats et des institutions publiques. Aussi explique-t-on que si un peuple européen, partie intégrante de l'Union européenne, n'est pas capable de réduire à 3 % du PIB le niveau du déficit public, eh bien, il sera exclu des processus ultérieurs d'intégration économique européenne.

La *res publica* : les êtres humains sont plus importants que les marchés financiers. Il n'y a pas de survie de l'économie en faisant perdre la société.

Dans les conditions décrites ci-dessus, il est de plus en plus difficile de percevoir ce qui définit aujourd'hui la *res publica* dans nos pays. Force est de reconnaître, par exemple dans le secteur des télécommunications, la quasi totale disparition de la notion de *res publica* aux Etats-Unis et en Europe occidentale : on est passé en peu d'années de la notion de "service public" (et donc d'entreprise publique) à celle de "service universel" où l'attribut "universel" en lieu et place de l'attribut "public" a permis de

7. Cf. François Chesnais, *La Mondialisation du capital*, éditions Syros, Paris, 1995.
8. Selon l'affirmation du président de la Bundesbank allemande, M. Tietmeyer, le 3 février 1996 à Davos : "Les dirigeants politiques doivent savoir qu'ils sont sous le contrôle des marchés financiers."

soustraire du champ de la *res publica* le domaine des télécommunications pour le confier au champ du secteur privé et du marché. Laisser le marché et le secteur privé guider les sociétés européennes vers la société de l'information, tel est le principe affirmé et défendu par la Commission européenne, une société dont le Tiers Monde risque d'être totalement exclu.

La subordination de l'Etat au marché dans le secteur des télécommunications est énoncée clairement dans le rapport Bangemann : *"C'est le marché qui joue le rôle moteur : le premier devoir des gouvernements est de préserver les forces concurrentielles et de créer un climat politique durablement favorable à la société de l'information[9]..."*

On remplace de plus en plus la *res publica* par la *"res privata"*, que ce soient les banques, les assurances, les trains, les transports urbains, les avions, les hôpitaux, l'éducation, l'eau, le gaz, l'électricité, les services sociaux...

La radicalisation des visions du monde et de la société, ainsi que des pratiques socio-politiques et économiques, imposée par les idéologues et les pays les plus puissants du monde est telle qu'elle mystifie toute approche sérieuse, rigoureuse, nuancée et pluraliste des problèmes et des solutions. Il faut dès lors réaffirmer et valoriser quelques principes et quelques règles de base élémentaires :

– le mot "économie" vient du grec *oikos nomos* et signifie "les règles de l'habitat" : de facto, "les règles de la maison". D'où les premières conceptions de l'économie en tant qu'économie domestique (du latin, *domus* : "maison") ;

– les bonnes règles de l'économie sont celles qui permettent à tous les membres de la maison d'être un sujet actif, reconnu et respecté et de contribuer à l'élévation du bien-être de l'ensemble des membres de la maison par la meilleure satisfaction des besoins individuels et collectifs, matériels et immatériels ;

9. Rapport Bangemann, *L'Europe et la société de l'information mondiale*, Commission des Communautés européennes, Bruxelles, 1994.

– chaque membre est plus important que les mécanismes et les instruments que les membres de la maison se donnent pour définir et établir les objectifs prioritaires et mettre en place les voies et les moyens les plus efficaces pour les atteindre ;

– la solidarité et la coopération entre les membres de la maison sont la base nécessaire et indispensable au bon fonctionnement. L'intérêt personnel et l'esprit d'émulation / compétition ne sauraient prévaloir sur l'intérêt commun et l'esprit de solidarité / coopération.

Concrètement, cela signifie qu'on ne doit et on ne peut pas laisser aux fluctuations des monnaies, aux appétits prédateurs des financiers et des "marchands", aux logiques de rentabilité à court terme des agents économiques privés les plus forts du monde, le "pouvoir" de déstabiliser l'économie entière d'une ville, d'une région ou d'un pays, en mettant au chômage des milliers de personnes de par le monde, de définir et guider le futur de nos sociétés.

Si les pays de l'Union européenne persistent dans leur choix en faveur de la libéralisation, de la dérégulation, de la privatisation et de la mondialisation compétitive, ils commettront une grave erreur historique. Ils contribueront ainsi à la subordination de la personne humaine et de la société à la technologie, au marché, aux logiques de guerre économique et de la prédation. Les plus forts survivront mais les citoyens et la société en sortiront perdants.

L'avenir ne réside pas dans la destruction des liens sociaux mais dans le renforcement, le renouveau et l'élargissement de ces mêmes liens à l'échelon mondial.

Il est possible de construire un autre avenir autour d'un contrat social mondial.

Il faut d'abord désarmer l'économie par la délégitimation de l'idéologie de la compétitivité et le rejet des impératifs de libéralisation, déréglementation et privatisation, et par la mise en cause du système financier mondial actuel. Il est urgent que les entrepreneurs abandonnent leurs vêtements de généraux et de colonels ; que les économistes laissent tomber leur veston de stratèges militaires ou leur bonnet d'éclaireur ; que les écoles de business et de management prennent un peu de repos bien mérité après tant de plans de batailles compétitives ; que les pouvoirs publics quittent leur rôle de porte-drapeau des intérêts économiques privés ; que les universités cultivent davantage la critique rigoureuse et la formation à la citoyenneté responsable ; que les intellectuels descendent de leurs collines ; que les syndicats retrouvent leurs esprits et surtout leur capacité d'action internationale, mondiale ; que les ONG apprennent à se coordonner, se regrouper et s'intégrer davantage et à se donner de plus en plus une certaine capacité financière autonome.

A cette fin, la définition et la mise en cause au cours des quinze ou vingt prochaines années d'un contrat social mondial paraissent non seulement souhaitables, mais elles constituent la seule voie réaliste, comme ce fut le cas du contrat social national *(Welfare State)* défini et mis en œuvre pour sortir de la grande crise des années 1929-1933, et après la Seconde Guerre mondiale.

Le contrat social mondial signifie l'adoption de nouveaux principes, règles et institutions qui devront permettre aux huit milliards de personnes qui habiteront la planète vers l'an 2020 de coexister et d'assurer leur codéveloppement par, principalement :

– un contrat mondial de l'avoir (satisfaction des besoins de base en eau, logement, énergie, alimentation, transport, santé, éducation) ;

– un contrat mondial culturel (promotion du dialogue entre les cultures) ;

– un contrat mondial de la démocratie (garantie et développement de la citoyenneté) ;

– un contrat mondial de la terre (réalisation du développement durable)[10].

Trois actions concrètes seraient prioritaires :

– un contrat mondial de l'eau, fondé sur le principe que l'eau doit devenir le premier bien commun de la première génération planétaire que nous

---

10. Pour une analyse détaillée des fondements, contenus et modalités de définition et mise en œuvre des quatre contrats mondiaux, voir (sous la direction de R. Petrella) Groupe de Lisbonne, *Limites à la compétitivité*, éditions Labor (Belgique), La Découverte (France), Boréal (Québec), 1995.

sommes. Il devrait viser à permettre pour les habitants eux-mêmes de se donner les trois milliards de robinets d'eau dont on aura besoin au cours des quinze prochaines années. Etroitement lié à l'action "Eau, bien commun mondial", il faudra lancer un plan mondial pour le logement social dans les soixante-quinze villes qui, en l'an 2030-2035, auront chacune plus de quinze millions d'habitants[11] ;

– le lancement d'une action planétaire pour la scolarisation obligatoire gratuite dans tous les pays où le taux d'analphabétisme dépasse les 5 % de la population. Cette action devrait avoir deux cibles particulières : les villes de plus de cinq millions d'habitants ; les zones rurales des pays sous-développés du monde ;

– la mise en œuvre d'une série d'actions visant à la reconstruction d'un système financier mondial efficace mis au service de la solidarité entre les personnes, les pays et les générations. Ces actions devraient comprendre :

– la création d'un Conseil mondial de sécurité financière et économique ;

– le prélèvement d'une taxe de 0,5 % (la taxe Tobin, du nom du prix Nobel qui la proposa le premier en 1983) sur les transactions financières internationales ;

– l'instauration d'une taxe mondiale sur l'énergie, sur les technologies d'automatisation et sur les communications / informations sur les réseaux mondiaux comme Internet ;

– l'abolition des trente-sept paradis fiscaux existant dans le monde. Ces paradis fiscaux constituent les lieux de la légalisation autorisée de la criminalisation croissante de l'économie ;

– la révision des critères de défense de la confidentialité financière, tout en abolissant le secret bancaire.

11. Il est dommage que la Conférence Mondiale Habitat II de juin 1996 à Istanbul ait préféré souligner un engagement en faveur d'un accès au logement pour tous à un prix abordable plutôt que de jeter les bases d'une politique systématique ciblée du droit au logement dans le cadre d'un développement urbain cohérent et durable.

Les actions mentionnées, notamment le prélèvement de nouvelles taxes à l'échelle mondiale, sont destinées à définir et promouvoir les constituantes d'une ingénierie de financement de la nouvelle solidarité, à la base du contrat social mondial.

Les forces sociales capables de créer les espaces publics de mobilisation politique et d'appartenance sociale existent. Elles sont, pour l'instant, représentées par trois groupes :

– la nébuleuse de la société civile mondiale : près de cinq cent mille organisations se battent pour le bon, le beau, le juste, la solidarité, le respect, la tolérance, le partage, l'amitié, le développement durable. Il s'agit d'une force inestimable de mobilisation sociale et politique. Le cœur de leur potentiel de mobilisation et de leur capacité de transformation de la société se trouve, et se trouvera de plus en plus à l'avenir, dans les villes, les grandes mégalopoles, lieux cruciaux de tous les conflits et de toutes les explosions sociales possibles ;

– l'élite minoritaire éclairée : elle commence à s'identifier, à s'organiser dans les milieux gouvernementaux, industriels, scientifiques, du monde de l'art et de la culture, du travail ;

– les syndicats en phase de reconversion structurelle : il en va de leur survie dans quinze à vingt ans.

L'alliance entre ces trois groupes est encore trop timide. Elle se cherche. Des signes montrent que cette alliance pourra se renforcer considérablement dans les années à venir. Alors, l'histoire ne sera pas vraiment finie.

RICCARDO PETRELLA est né en 1941, en Italie. Etabli en Belgique, il dirige durant quinze ans le programme "Fast" (Forecasting and Assessment in Science and Technology) de la Commission de l'Union européenne. Objectif : évaluer de manière prospective les conséquences économiques et sociales des changements technologiques. Jugé trop "critique", le programme est abandonné en 1994. C'est que cet "icononoclaste combattant, cultivé et volontairement bavard" ne se lasse pas de pourfendre un bon nombre de "dogmes" qui constituent les pierres angulaires de l'économie de marché : croissance, mondialisation, compétitivité, profit... Ce docteur en sciences politiques et sociales, titulaire de quatre autres doctorats *honoris causa*, veut remettre l'être humain au centre des préoccupations et croit que le progrès doit servir à améliorer les conditions de vie, l'environnement, les rapports entre les peuples, la paix des civilisations. En décembre 1991, il fonde le Groupe de Lisbonne – une vingtaine de personnalités d'horizons différents – pour réfléchir au devenir des sociétés occidentales, à un nouveau contrat économique, écologique et social pour notre planète. En 1993, il est rédacteur en chef de la somme – originale et éclairée – des réflexions de ce Groupe, *Limites à la compétitivité*. Pour un nouveau contrat mondial, déjà publié en sept langues (français, néerlandais, anglais, espagnol, italien, suédois et portugais) et bientôt publié en quatre autres langues (polonais, allemand, japonais et arabe). Riccardo Petrella est actuellement professeur à l'Université Catholique de Louvain-la-Neuve (UCL) et au collège d'Europe à Bruges. Il voyage dans le monde entier pour transmettre aux auditoires bondés et enthousiastes le contenu de ses recherches.

Déclin industriel

Photographies
d'Alain Kazinierakis
réalisées en Belgique

Les fugitifs de l'angoisse
Commentaire de
Eduardo Galeano *(Uruguay)*

Depuis les années 1970, les zones de vieille industrialisation de la Belgique perdent leurs emplois manufacturiers. Les plans de reconversion ne parviennent pas à recréer ces emplois qui sont le tissu même de la vie sociale. Dans les anciens bassins miniers de Liège, de Charleroi, du Centre et du Borinage, mais aussi du Limbourg, les gens luttent alors que leur avenir s'obscurcit.

LES FUGITIFS DE L'ANGOISSE • C'est l'invasion des envahis. Ils arrivent des terres où débarquèrent mille et une fois les troupes coloniales conquérantes et les expéditions militaires punitives. Ceux qui, aujourd'hui, font ce voyage en sens inverse, vers l'Europe occidentale et les Etats-Unis, ne sont pas des soldats contraints de tuer mais des travailleurs contraints de vendre leurs bras à n'importe quel prix. Ils viennent d'Amérique latine, d'Afrique, d'Asie et, depuis quelques années, d'Europe de l'Est également, suite au naufrage du pouvoir bureaucratique de ces pays. Qui ne rêve pas, dans tous les faubourgs du monde, d'aller vivre là où règne la prospérité ?

L'abominable Mur de Berlin, tombé sans peine ni gloire, était resté debout pendant de longues années. A l'aune de l'Histoire, guère plus d'un instant. Par contre, un autre mur, celui qui sépare le Nord du Sud, les nantis des démunis, les maîtres des valets, les opineurs des opinés, existe depuis cinq siècles au moins et ne cesse de s'élargir et de grandir. Il semble infranchissable et pourtant les intrus qui tentent de l'escalader se comptent par milliers et sont de plus en plus nombreux. Beaucoup y laissent la vie et gisent, noyés, au fond de la Méditerranée ou de la mer des Caraïbes. Bien plus nombreux encore sont ceux qui, à l'issue d'odyssées éprouvantes, atteignent leur but et tentent par tous les moyens de se faire une place à la table du banquet permanent de la société de consommation que leur a promis la télévision. Ainsi les pays riches sont-ils condamnés à subir les conséquences de leur propre publicité.

Les discours officiels n'ont jamais tant parlé de liberté. En cette époque de mondialisation, les frontières disparaissent. Elles disparaissent pour laisser le passage à l'argent, pas aux personnes. Le droit à la libre circulation ne s'applique pas aux individus mais bien aux capitaux qui fuient le Sud à la recherche de sanctuaires du secret bancaire et quittent le Nord en quête de salaires dérisoires et du droit de polluer en paix. Les travailleurs désespérés qui ont l'insolence d'agir comme s'ils étaient aussi libres que l'argent sont de plus en plus nombreux. Poussés par la faim, ils émigrent des faubourgs pestiférés du monde entier vers les centres interdits du pouvoir et de la richesse et paient cet égarement par une incertitude perpétuelle. Des menaces implacables pèsent sur ces "intrus" : l'expulsion, qui si souvent se concrétise, et le châtiment, qui se termine fréquemment dans un bain de sang : Mexicains battus, Turcs brûlés, Arabes poignardés et Africains tués par balles. Les immigrés démunis effectuent les travaux les plus pénibles et les moins bien payés dans les champs et dans les rues des villes. Au travail succède le danger. Aucune encre magique ne peut les rendre invisibles.

L'exclusion est le triste signe de notre époque. Que nous montre la carte du monde ? Le Sud et le Nord, la faim et l'indigestion, l'exil et le royaume : une immense majorité d'exclus, naufragés du voyage du développement capitaliste, face à une minorité d'élus. Mais la réalité est loin d'être simple. Elle brouille les cartes. Non seulement parce que l'exil s'immisce obstinément dans le royaume, en dépit de tous les interdits et de toutes les pressions, mais également parce que la réalité du royaume ne ressemble guère au paradis que promettent les professionnels du boniment.

Le royaume ne sait que faire des paradoxes qu'il génère. Ainsi, de nombreuses entreprises font augmenter le chômage dans les pays du Nord en émigrant vers le Sud, où elles peuvent payer des salaires de misère. Dans le même paradoxe, les travailleurs du Sud qui parviennent à échapper au chômage et aux journées de quatorze heures payées un dollar et demi émigrent vers le Nord.

Dans certains pays européens, un jeune sur quatre est sans emploi du fait du déplacement des industries vers les régions pauvres et du progrès vertigineux d'une technologie qui réduit la main-d'œuvre. L'OIT, l'Organisation Internationale du Travail, a révélé que le monde enregistrait actuellement les taux de chômage les plus élevés depuis la crise de 1929. Ce constat est valable non seulement dans les pays condamnés à vendre leurs produits à des prix ridicules et à supporter des taux d'intérêt usuraires, mais également dans les refuges mêmes du privilège, où le développement technologique ne contribue pas à élargir les espaces de loisirs et de liberté mais, paradoxalement, sème la peine et la peur.

La peur est mère du racisme : peur de ne pas trouver d'emploi, peur de perdre son emploi, peur de ne plus faire partie de la société et de devenir un exclu parmi d'autres. Ces craintes débouchent sur la peur du prochain, le concurrent, l'ennemi. Et si ce prochain vient de l'étranger, intrus sur le marché local du travail, cette peur se transforme rapidement en haine. Le mépris, un mépris qui dévalorise ce qu'il ne connaît pas, fournit des alibis. Les crimes racistes invoquent, comme toujours, la raison sacrée de la civilisation menacée. En fin de compte, "l'autre" mérite l'exclusion parce qu'il est bête, parce qu'il est sale, parce qu'il a la peau foncée et qu'il est né dans Dieu sait quel recoin du bout du monde ; à cause de lui, l'exclusion punit injustement les Blancs et les doctes élus par le Seigneur.

Avant d'être touchés par le chômage, les privilégiés pouvaient croire qu'ils avaient été favorisés par la grande loterie universelle, qui récompense les civilisés pour leur courage et leur mode de vie vertueux et punit les barbares qui s'adonnent à la paresse et aux mœurs dissolues. La marginalisation de la société était bien loin et méritait tout au plus un peu d'indifférence ou de pitié. Mais à l'heure où le marché du travail vomit les individus de façon si implacable, les étrangers qui sont venus de mondes obscurs se transforment en boucs émissaires et jouent le pire rôle qui soit, celui du méchant, dans tous les films.

ALAIN KAZINIERAKIS est né en 1962 en Belgique, dans le bassin indus-
triel liégeois. Diplômé en photographie à l'Institut des Beaux-Arts de Saint-Luc,
ses reportages le mènent en Crète, à Berlin, après la chute du Mur, au Yémen, à
Los Angeles auprès des sans-abri, à Haïti, en ex-Yougoslavie... Depuis 1993, il
poursuit un long sujet sur les Touaregs et séjourne en Algérie, au Mali, en
Mauritanie, au Burkina Faso, au Niger... partout où vivent encore, réfugiés ou
nomades, ces hommes du voile. S'il voyage de plus en plus, il n'oublie pas pour
autant de porter son regard sur les zones économiquement sinistrées où il a grandi,
qui s'essoufflent, comme tant d'autres en Europe, derrière une reconversion qui ne
produit pas assez d'emplois. Chaque année depuis 1989, il photographie les villes
cul-de sac, les détours des terrils, les quartiers lézardés ou les îlots préfabriqués de
la région liégeoise, du Borinage et du Limbourg. Les photographies d'Alain
Kazinierakis, collaborateur au *Monde diplomatique*, sont publiées dans la presse
belge, française, et le *New York Times*. Elles sont diffusées par Médecins Sans
Frontières et le Haut Commissariat aux Réfugiés, avec lesquels il collabore régulièrement. *Touaregs, kel Tamasheq* a été plusieurs fois primé en Europe.

EDUARDO GALEANO est né en 1940, à Montevideo, en Uruguay. Dans sa
ville natale, il est rédacteur en chef de l'hebdomadaire *Marcha* et directeur du
quotidien *Epoca*. Exilé depuis 1973, en Argentine et en Espagne, il rentre en
Uruguay en 1985. A Buenos Aires, il fonde et dirige la revue *Crisis*. Ecrivain, il
est l'auteur de nombreux livres, traduits en une vingtaine de langues, et d'une
multitude d'articles dans la presse internationale. Ses livres principaux sont
Las venas abiertas de América Latina (*Les Veines ouvertes de l'Amérique latine*,
1971), la trilogie *Memoria del fuego* (*Mémoires du feu, 1982 / 1986*), l'une des
plus belles histoires de l'Amérique latine jamais écrites, et, *El libro de los abrazos*
(*Le Livre des étreintes*, 1989). Son dernier roman, publié en 1995 en espagnol, est
El fútbol a sol y sombra. Toute l'œuvre de Galeano viole allégrement les frontières
entre les genres littéraires et "rappelle la grandeur de la mémoire des opprimés".

Immigration clandestine

Photographies de
Kadir van Lohuizen
réalisées aux Pays-Bas

"Moi vouloir travailler"
Commentaire de
Malika Boussouf *(Algérie)*

Ismaïl, 40 ans, demandeur
d'asile nord-africain.

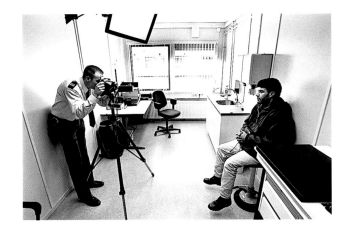

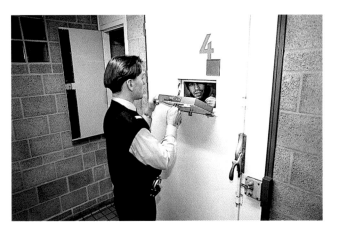

de gauche à droite, de haut en bas :
4 novembre, 14 h 30. Zevenaar. Enregistrement au centre d'accueil.
4 novembre, 18 h 30. Première audition par un fonctionnaire du service Immigration et Naturalisation.

4 novembre, 20 h 30. Ismaïl attend l'avocat.
5 novembre, 19 h 00. Sa demande d'asile est refusée.
5 novembre, 23 h 00. Ismaïl est emprisonné au bureau de police de Zutphen.

de gauche à droite, de haut en bas :
8 novembre, 8 h 00. Ismaïl attend... à "l'agence de voyage" de la gendarmerie à Schiphol.
8 novembre, 9 h 30. Le départ.

13 novembre, 13 h 00. Le retour au pays.
14 novembre, 16 h 40. Avec Samira et Mahmoud dans la cour intérieure de la maison.

"MOI VOULOIR TRAVAILLER" • Dans le fourgon cellulaire qui le ramène à l'aéroport, cet espace inconfortable, qui lui est offert en dernier ressort, Smaïn, le regard vague, ne s'intéresse pas à ce qui se passe autour de lui. Les policiers qui l'encadrent, eux, sont sur le qui-vive. "On ne sait jamais", pensent-ils. L'étranger pourrait leur échapper.

– Arrête de délirer, dit l'un d'entre eux à son compagnon. Tu oublies que c'est toi-même qui lui as mis les menottes aux poignets. Comment pourrait-il s'enfuir avec un inspecteur aussi consciencieux que toi ? On devrait te décorer. Tu es un vrai chien de garde.

– Répète un peu ce que tu viens de dire ?, répond le policier, furieux.

– Je plaisantais, voyons. Je voulais dire que tu étais trop sur tes gardes pour qu'il puisse arriver quelque chose.

– Moi en tout cas je fais mon travail, que ça te plaise ou non.

Il est vrai que tout le monde dans ce fourgon ne partageait pas l'avis du fonctionnaire zélé. Ce pauvre type, tapi dans le coin du fourgon, n'avait même pas l'air de réaliser ce qui venait de lui tomber sur la tête.

Pauvre Smaïn, bien sûr qu'il savait, mais quelle importance qu'ils soient deux ou dix à le surveiller ? Il allait rentrer chez lui la tête basse, déshonoré pour avoir échoué. Comment sa belle-mère allait-elle prendre cette reconduite aux frontières ? Après s'être vantée auprès de tout le village ! Après avoir loué les vertus de son beau-fils parti chercher fortune à l'étranger. Il allait les couvrir d'or et ils quitteraient tous ce taudis pour la capitale, pour Alger la Blanche où ils achèteraient une belle maison avec un grand terrain, ils y élèveraient des vaches, des moutons et puis surtout ils construiraient une grande basse-cour.

Smaïn y avait cru. Il avait longtemps caressé ce rêve et, à son grand malheur, il l'avait partagé avec sa maudite belle-mère, dont il partageait la bicoque parce qu'il aimait Samira et leur fils Mohmoud. C'était pour eux deux surtout qu'il avait opté pour l'exil, la France, l'Espagne, l'Allemagne, la Hollande, l'Italie… peu lui importait. Il devait tenter sa chance. Un oncle de la capitale lui avait assuré que deux de ses cinq fils avaient réussi à passer la frontière et qu'ils n'avaient eu aucun mal à se faire embaucher. Smaïn ne savait rien faire d'autre que travailler la terre. "Peu importe", lui avaient dit des copains qui rêvaient autant que lui d'approcher ce nouveau monde porteur d'une vie meilleure. Pourtant, eux n'osaient pas encore faire le pas parce que toutes les ambassades leur avaient refusé le visa d'entrée dans leur pays. La traversée clandestine était risquée, alors ils attendaient de savoir comment Smaïn s'en sortirait pour tenter leur chance.

Smaïn, toujours menottes aux poignets, en route pour l'aéroport, repensait à ce qui s'était passé. Les images défilaient les unes après les autres… L'adieu aux gens du village, l'adieu à Samira, son épouse, et à leur fils. Comme le voulait la tradition, il avait embrassé sur la tête sa belle-mère, redevenue mielleuse pour la circonstance. Les copains l'accompagnaient jusqu'à la sortie du village où il devait prendre le bus pour la capitale.

Il avait peur, la route n'était pas sûre, les groupes islamiques armés y installaient régulièrement de faux barrages. Il n'avait même pas de carte d'identité, juste un extrait d'acte de naissance qu'il gardait jalousement sur lui en cas de contrôle militaire. Et si les terroristes lui tranchaient la tête avant d'arriver à Alger ? Ne parlait-on pas souvent au village de ces corps que l'on retrouvait sur les bas-côtés de la route, de ces têtes sans tronc accrochées bien en vue sur les branches des arbres ou jetées auprès de bornes kilométriques ?

Le voyage jusqu'à Alger avait duré six heures et demie et pendant tout ce temps Smaïn s'était tenu le ventre, la main droite crispée sur son acte de naissance, seul témoin de son identité, unique preuve qu'il était encore vivant. Le premier obstacle franchi, le plus dangereux selon lui, il se voyait déjà amassant l'argent pour le bel avenir promis à la famille. Il se sentait nettement plus en forme et d'humeur plus combative. Ses copains et surtout Ali, son meilleur ami, pensait-il, avaient été bien idiots de ne pas tenter l'aventure et ils auraient bientôt à regretter de ne pas avoir osé l'accompagner jusqu'au bout. Tant pis. Il n'avait plus le temps de s'en faire pour eux. Il lui fallait vite se rendre au rendez-vous fixé par son oncle avec un passeur professionnel.

Il s'appelait Mohamed et l'attendait au café *Terminus* au square Port-Saïd à 20 heures. La traversée était prévue pour le soir même. Il était là, Mohamed, à l'heure prévue, une casquette de pêcheur lui couvrant presque entièrement la vue, sa voix était ferme, cassante. Il était sûr de lui.

– Vous serez trois cette nuit à prendre le bateau, les deux autres m'ont déjà remis l'argent, avance le tien, deux mille francs français pour moi et cinq mille francs français pour les marins qui vont t'embarquer.

Méfiant, Smaïn répondit timidement qu'il ne donnerait que la moitié de la somme aux marins.

– Ils n'auront l'autre qu'une fois arrivé à destination.

– Affaire conclue. Présente-toi à 23 heures devant la grille du port qui débouche sur le quai, quelqu'un t'y attendra, t'ouvrira la grille et te conduira à la barque pour la traversée jusqu'au bateau. Salut, tu ne me connais pas, on ne s'est jamais vu. Bon courage.

– Merci, répondit Smaïn euphorique. Merci infiniment, je n'oublierai jamais ce service.

– Tu ferais mieux de l'oublier. Allez, bon vent !

La traversée allait être longue, mais que pouvaient représenter vingt-quatre heures dans les cales d'un bateau quand on avait tourné en rond toute sa vie ?

Et puis Smaïn n'était pas seul. Ils étaient trois compagnons de fortune liés le temps d'un voyage par un destin commun. Suivant les consignes d'un des marins, ils avaient déchiré leurs papiers d'identité une fois le port d'Alger abandonné. Ils n'avaient plus rien à craindre. Une fois dehors, si on les arrêtait personne ne saurait d'où ils venaient. Ils n'avaient plus d'existence aux yeux de la loi de leur pays d'origine et on serait obligé de les garder, c'était ce qu'on leur avait dit là-bas, au pays. Ils avaient oublié leur teint basané qui, lui, marquait à jamais leurs origines. Il y avait aussi ces maudits cheveux frisés, témoins de leur provenance.

– Bah, ils verraient tout cela sur place. D'autres les avaient bien précédés sans problèmes ! Et puis la terre de Dieu, disait-on, était bien verte ; qui allait s'intéresser à leur faciès ? Rien ne prouverait qu'ils n'étaient pas portugais, espagnols, italiens.

– Je dirai que je m'appelle Michel, dit l'un d'entre eux.

– Tous les Algériens s'appellent Michel en France. Tu ferais mieux de te trouver un autre prénom.

– Alors, je dirai que je m'appelle Maurice. Il y avait beaucoup de Français de chez nous qui s'appelaient Maurice, ou bien Raymond. Enfin, on verra bien une fois arrivés là bas.

– Tu ne sais même pas parler français, comment tu vas leur parler ?

– Je ne leur parlerai pas, et puis je sais dire, bonjour, moi vouloir travailler, je me suis entraîné, tu sais.

– On verra bien. J'espère que tout ira bien.

– Smaïn avait écouté calmement ses deux compagnons dialoguer pour passer le temps, pour oublier le froid et la faim. Plus que quatre heures avant d'accoster, avant de franchir la dernière étape. Lui, pendant ce temps, ressentait une profonde déchirure. Il allait vers un monde dont il ignorait tout, où il ne connaissait personne. Son village et sa famille étaient déjà loin derrière lui et il en souffrait. Le sacrifice en valait-il la peine ? L'odeur des figuiers, des oliviers lui manquait déjà. Cette cale puait la moisissure, les crottes de rats, le renfermé. Est-ce que ça allait être comme cela tout le temps ?

"Mon Dieu, aide-moi à surmonter l'absence des miens, je n'en peux déjà plus, mais j'ai promis et je ne peux plus faire marche arrière !"

Sa prière terminée, sa gorge serrée, il sentait à peine les larmes lui brouiller la vue. Il fallait qu'il se reprenne. Il était à présent père de famille. Il était un homme et les hommes ne pleurent pas au pays. Heureusement que le noir était total, les deux autres occupés à leurs projets ne voyaient rien et n'entendaient pas les sanglots que Smaïn tentait courageusement d'étouffer.

Les trois compagnons de fortune quittèrent leur cache avant que la marchandise ne soit débarquée. L'aube commençait à poindre. Ils allaient passer inaperçus, comme indiqué par le marin, venu réclamer le reste de la somme.

Ils étaient désormais livrés à eux-mêmes, à leur propre destin parce que, de là où ils venaient, on croyait beaucoup au "Mektoub", ce qui unit dès la naissance. Smaïn devait prendre le train pour rejoindre un groupe d'immigrés dont un de ses cousins installé dans une ville du Nord. Là-bas, une communauté prenait bien en charge les siens, lui avait-on assuré au pays. Mais quelle direction devait-il prendre pour aller à la gare ? Il tourna en rond jusqu'à sept heures du matin, puis il décida qu'il fallait demander sa route. Là-bas, remarqua-t-il, il y avait une espèce de café. Il y rencontrerait bien un compatriote qui lui indiquerait sa route, non ?

Mais bien sûr qu'il y en avait, et même plus qu'il n'aurait pu imaginer. Des gens de chez lui, Smaïn les avait repérés à la langue qu'ils utilisaient pour communiquer entre eux. Ils parlaient l'arabe et même le kabyle.

– Essalem Allikom, que la paix soit sur vous, bonjour. Vous savez où se trouve la gare ? Je suis pressé. Je viens de débarquer et je dois prendre le train au plus vite.

Il n'y avait pas besoin de donner plus d'explications ni de raconter sa vie, les autres se regardaient en clignant de l'œil. Encore un clandestin et la solidarité ne manquait pas lorsqu'il fallait aider l'un des leurs.

– Tu n'es pas loin. Regarde, tu vois là-bas tous ces gens qui marchent dans la même direction ? Suis-les, ils vont à la gare, eux aussi vont travailler. Ils vont prendre le train, ne tourne pas trop dans le coin, les flics sont nombreux et tu risques de te faire repérer.

– Merci bien, mon frère.

– Bon courage, au fait tout va bien au bled ?

Smaïn fit la grimace au début puis ses yeux s'illuminèrent :

– Oui bien sûr tout va très bien, je me demande ce que je fais là, d'ailleurs. Allez, encore merci.

La foule s'engouffrait dans tous les sens, il y avait des couloirs partout. Un autre gars de chez lui l'orienta vers le guichet pour l'achat de son billet.

Enfin, installé dans son wagon, il se sentit moins crispé. Là-bas, dans le Nord, il sera au milieu des siens. Beaucoup d'Algériens y travaillaient, il ferait comme eux, un verre de lait et du pain lui suffiraient à tenir le coup. Le reste de l'argent, il l'entasserait au fur et à mesure jusqu'à ce que le paquet soit épais, très épais pour sa femme et son fils et ils déménageraient tous enfin de chez sa belle-mère, qui n'arrêtait pas de le harceler et dont il était bien content d'être débarrassé pour quelques mois.

Le trajet en train dura deux heures trente. Au terminus, tout le monde descendit. Smaïn suivit le mouvement de foule et bientôt il se retrouva à l'air libre, il faisait froid, le ciel était gris, il n'y avait aucun figuier aux alentours.

Du béton, du béton, et encore du béton. Au café, *Chez Momo* en face de la gare, un serveur lui montra le chemin du foyer pour immigrés.

– Tu y seras dans vingt minutes environ.

Jusque-là tout s'était bien passé, Smaïn ne voulait pas perdre de temps. Il se reposerait une fois arrivé à destination chez son cousin.

Mais il devrait encore attendre. Le baraquement était presque vide. En tout cas son cousin était absent.

– Il ne rentrera que tard dans la nuit, lui répondit un homme fripé, au dos voûté et aux yeux hagards. En attendant tu peux l'attendre dans une chambre.

La pièce dans laquelle pénétra Smaïn sentait le renfermé. Le vieux la partageait apparemment avec deux autres personnes. La pièce, quelle pièce ? Un réduit crasseux où s'entassaient de vieux matelas en éponge, une marmite sans bras, une casserole et une poêle à frire crasseuses, deux assiettes ébréchées, d'autres en plastique, le tout encombrant un coin cuisine aux relents nauséabonds.

– Tu vois, on se sacrifie pour le bled, intervint le vieil homme à la bouche édentée dégageant une odeur de vinasse.

"Il est éméché", se dit Smaïn gêné qui, en même temps, luttait contre le sommeil.

– Tu peux t'allonger tu sais, fais comme chez toi. Je vais te dégager un coin pour dormir.

"Quel fouillis", se dit le nouvel arrivant, un sourire reconnaissant tout de même avant de fermer les yeux. La nuit tombée, Smaïn se réveilla troublé par ce nouvel environnement. Il entendait du bruit, des voix qui hurlaient tout près à vous crever le tympan. La porte d'entrée de la chambre était grande ouverte. Il se risqua dehors, effrayé, pensant que la police était déjà là. Non, ce n'était pas ce qu'il craignait, un groupe d'immigrés jouait bruyamment aux dominos.

– C'est toi le nouveau ? Sois le bienvenu. Allaoua ton cousin ne va pas tarder. Tu comprends, il a deux boulots, c'est pour ça qu'il rentre après nous. Tu veux du café ? Viens te joindre à nous en attendant. Comment ça va là-bas ? Parce qu'ici on vit comme des chiens... On travaille presque tous au noir. Quand ça marche pas pour les papiers on se planque pour ne pas être expulsés...

A 21 heures tapantes, Allaoua, le cousin qui avait "réussi", partit à sa recherche à travers les étages et couloirs du foyer.

– Smaïn, tu ne peux pas habiter avec moi... c'est-à-dire... que... il ne faut surtout pas le dire à mon père... je vais demander à un copain de te loger chez lui en attendant... je... il y a une fille chez moi... la pauvre, elle n'avait pas où aller... Ses parents ne voulaient pas de moi, alors elle les a quittés... Tu te rends compte ? C'est pour moi qu'elle l'a fait !... C'est pas une fille de chez nous... Elle est française, elle a des yeux bleus et elle cuisine dans un restaurant. Elle me donne tout son argent... Quand elle m'énerve, je lui fiche une raclée et je la mets dehors, alors elle s'asseoit devant la porte en attendant que ça me passe... Elle fait tout ce que je veux. En ce moment je crois qu'elle est enceinte. Je suis sûr que c'est de moi... C'est elle qui s'occupe de la paperasse, qui remplit les formulaires. J'ai eu mes papiers pour un an. Si on ne me les renouvelle pas, je l'épouse et j'aurai comme ça une carte pour dix ans... On va voir pour toi... Elle va te dégoter une copine et tu feras la même chose si ça coince mais attention, rien à la famille.

Allaoua s'abîmait dans un flot de paroles incompréhensibles pour Smaïn. Il n'était pas venu se marier puisqu'il l'était déjà. Bien sûr la religion permettait d'en prendre quatre mais il aimait sa femme et son fils.

– C'est pour travailler que je suis venu, pas pour courir les filles, mais ne t'inquiète pas, je ne dirai rien ni à ton père, ni à ta mère, ni à ta femme... Ton père m'a dit que tu m'aiderais à trouver du boulot, que tu avais réussi.

– Bien sûr que tu vas travailler. Ici, il n'y a que les fainéants qui ne bossent pas.

– Je commence quand ?… Je n'ai aucun papier, j'ai tout déchiré pour ne pas laisser de traces au cas où la police m'accrocherait.

– Mais non, ne te fais pas de soucis, il y a un bureau d'embauche spécial. Le mec, je le connais. Tu lui glisses la pièce et il te place.

– Oui, mais… Je veux travailler légalement, tu crois que c'est possible sans papiers ? Je veux une carte comme les immigrés, moi. Je veux vivre dignement, j'en ai marre de la misère. Il paraît qu'ici il y a tout ce qu'on veut, que les magasins sont pleins, les vitrines belles. J'aimerais que ma femme et mon fils viennent en vacances et si je suis à l'aise, au diable la maison au pays, on habitera tous ensemble ici.

Le rêve, l'espoir prenaient peu à peu le dessus sur la réalité. Les pensées de Smaïn avaient réussi à transcender les difficultés "éventuelles" qu'il allait rencontrer.

Il devint soudain, et sans aucune raison, euphorique, il allait tout surmonter.

– Je vais loger où et m'inscrire comment ? Tu crois que je pourrais commencer à travailler dès demain ? Je suis pressé tu sais, il n'y a pas de temps à perdre.

Smaïn était grisé sans savoir pourquoi. Il était grand, fort, solide, aucun travail ne le rebutait. Il abattrait le double de ce qui lui serait demandé et il leur dirait dès demain, au bureau d'embauche.

– Le copain avec qui tu vas loger n'est presque jamais là la nuit, lui avait assuré son cousin. Et il est sympa, tu vas voir. Il dort la journée, sort vers 18 heures et ne revient que vers 3 ou 4 heures du matin. J'ai le double de ses clefs, suis-moi. Je vais t'installer et te faire un plan pour demain. Il faudra que tu y sois tôt, sinon ta place sera prise, ce sera tous les jours comme ça jusqu'à ce qu'ils te prennent pour de bon.

– Tu vas voir, quand ils vont me voir travailler, ils vont tout de suite me garder.

A 5 heures du matin, Smaïn était debout, prêt à commencer sa journée. Son hôte dormait à poings fermés, comme prévu. Dehors, le vent glacial le figea un instant. Il se réchaufferait en marchant et s'achèterait un gros pull aussitôt sa première paie reçue. Il prendrait par la même occasion des chaussures car ses pieds nus dans les sandales étaient frigorifiés.

Il regretta un court instant le chaud soleil de sa Méditerranée natale puis accéléra le pas pour oublier tout ce qui n'était pas l'instant présent.

Il reconnut le bureau d'embauche, ou ce qui servait de tel, à la masse de gens agglutinés autour. La queue était longue, d'autres l'avaient devancé, étrangers hostiles, ils le regardaient, écumant de rage. Smaïn serait peut-être celui qui piquerait la place de l'un d'entre eux, alors il fallait se serrer les coudes pour lui barrer le chemin. Son tour finit pourtant par arriver.

– Tu as un bon gabarit toi, qu'est-ce que tu sais faire ?

– Moi vouloir travailler, répondit Smaïn avec audace.

– Dans quoi ? reprit le gros balourd derrière son guichet, l'index droit enfoncé dans le nez tandis que, de l'autre main tatouée, il caressait son épaisse moustache.

– Tout… Moi tout faire… Moi aimer travail… Pas peur travail.

– Donne-moi ton nom et va rejoindre les autres. Dans un moment le contremaître viendra choisir. Tu as des papiers d'identité ?

– Tout perdu… heu… volé… Plus rien.

– Candidat idéal. Si tu te fais choper on te connaît pas, compris ?

Smaïn ne comprit rien à ce charabia mais il fallait faire semblant.

– Oui, oui monsieur, d'accord. Merci mon capitaine !

– Allez, va… Va imbécile, je suis pressé. Y en a d'autres après toi.

Smaïn ne bougeait pas. Il attendait des papiers. Il jeta un regard affolé au suivant qui lui expliqua en mangeant qu'il devait rejoindre les autres et attendre.

– Saha, merci ! Enfin quelqu'un qui parlait arabe. Il s'empressa d'abandonner le guichet auquel il s'était accroché désespérément.

Une fois le groupe rejoint, il comprit que le travail qu'on allait peut-être lui donner pour la journée était un boulot au noir.

– Toi, toi, toi, là-bas, toi et toi, alignez-vous sur le côté, dit le contremaître en aboyant.

Smaïn, les muscles tendus, avait été pris dans le lot.

– Les autres devront revenir demain, hurla le "sergent recruteur". Allez… Dégagez la place, vous autres. Ça sera pour un autre jour !

Pour les élus du jour, le travail qui les attendait n'était pas de tout repos. Ils auraient quinze minutes à 12 h 30 pour manger. Des casse-croûte leur seraient distribués. Leur prix serait prélevé sur le salaire en fin de journée. En attendant, des tonnes de sable devaient être chargées dans des camions, et des grosses caisses dans des poids lourds. Ils seraient payés à la tonne et au nombre de caisses transportées. Des gardes étaient là pour veiller au "comptage". A 12 h 30, les hommes en sueur, pour la plus grande partie exténués, s'installèrent à même le sol, entre les maudites caisses restantes, pour se nourrir et respirer un coup. Smaïn remarqua que l'un d'entre eux s'était assis seul dans un coin éloigné. C'est vers lui qu'il se dirigea. L'inconnu ne fit aucun geste pour l'inviter à se joindre à lui.

– Bonjour je m'appelle Smaïn, je suis algérien, je suis arrivé hier du pays.

Les yeux de l'homme solitaire s'illuminèrent d'un coup.

– Moi, c'est Houari, je suis d'Oran. Toi, tu es kabyle, ça se sent à ton accent.

– Oui de la petite, je suis de Béjaïa.

– Bienvenue au pénitencier. Je n'ai pas le choix sinon j'aurais été ailleurs. Ici, ils sont chiches. Ils ne payent pas bien.

– Et les papiers ? Smaïn était obsédé par sa carte de séjour.

– Quels papiers ? Tu rêves debout toi ? Ici, c'est l'enfer. Tu n'as pas intérêt à te faire prendre dans une rafle, sinon tu vas en prison. La loi ici, c'est pas comme chez nous. Prends les quatre-vingts balles qu'ils te donnent et prie le bon Dieu pour qu'ils te reprennent le lendemain. Des fois ils nous emmènent plus loin en camion et ils nous ramènent à la nuit tombée. Ne cherche pas à comprendre, fais l'idiot, ne pose aucune question, ne fréquente pas les autres et tu es sûr de garder ta place. Y a pas de papiers, il y a du travail au noir et c'est tout. Si tu tombes malade, ils te virent sans état d'âme. Ils s'en foutent de nous. Pour eux on est des bêtes humaines…

Le quart d'heure de pause s'était envolé. Smaïn avait retenu la leçon mais il était têtu et ne désespérait pas d'avoir son permis de séjour. Dès qu'il pourrait, il irait voir les autorités pour leur raconter son histoire. Ici, c'était un pays de justes, sinon les magasins ne seraient pas pleins à craquer. A 19 heures, la paie fut distribuée. Rangés les uns derrière les autres dans un silence lourd d'émotion, les hommes éreintés s'apprêtaient à toucher le fruit de leur journée.

– Mohamed, Smaïn, Houari, vous pouvez revenir demain. Vous n'aurez pas besoin de passer par le bureau d'embauche, vous avez été bien notés. Toi Ahmed et toi Malek, pas la peine, revenez un autre jour.

– Pourquoi m'sieur ?

– Toi, tu parles trop, tu veux un syndicat ou quoi ? Et toi tu traînes la jambe. Va la soigner, on ne peut rien pour toi.

Le chantier ne déclarait pas les hommes, soigneusement triés chaque matin à l'aube. C'était la règle. La force de travail : oui, les soins médicaux : non. Aucune prise en charge n'était assurée. Les patrons ignoraient tout des règles minuscules ayant un quelconque rapport avec les droits fondamentaux de leurs employés temporaires. On vivait avec effarement en plein règne d'esclavage.

Smaïn, trop heureux d'avoir été reconduit par le patron, s'en retourna au foyer sans vraiment réfléchir à la précarité de sa situation. Il allait amasser de l'argent et faire venir sa petite famille…

La chambre était froide. Il l'avait quittée le matin à pas de loup pour ne pas déranger son hôte. Ses mains étaient gelées, ses pieds aussi. Il allait allumer le petit réchaud à gaz dans le coin cuisine, se faire un café et s'allonger sous un semblant de couverture pour se réchauffer les orteils violacés. Il aurait toute la soirée ensuite pour réfléchir à son permis de séjour et au regroupement familial.

Smaïn était nostalgique mais heureux parce qu'il avait eu du travail aussitôt arrivé, tant pis si c'était temporaire. Il en aurait un autre et encore un autre. La chance lui souriait, sa femme serait fière de lui. Les larmes lui brouillaient la vue à la pensée de son fils, son héritier. Brusquement tout bascula. Ses tympans lui faisaient mal.

Il ne voyait plus rien. La chambre était sens dessus dessous. Une explosion avait rompu la quiétude ambiante. L'esprit embrouillé, Smaïn ne comprenait pas encore que la bouteille de gaz là-bas, dans le coin cuisine, venait de tout ravager.

– Smaïn ! Tu vas bien ? Réponds-nous !

Le regard vide, Smaïn entendait à peine les voix qui se bousculaient là-bas au loin.

– Il faut le sortir de là, dit l'une d'entre elles. La police sera là d'une minute à l'autre.

– Il faut le planquer et avertir les clandestins. Il faut qu'ils décampent vite fait, y a pas de temps à perdre.

Smaïn comprit enfin qu'un accident était arrivé et qu'il fallait se sauver, sa première paie était encore dans la poche extérieure de son blouson. Il allait s'en servir pour fuir son tout récent abri.

– Ecoute-moi bien, dit son cousin. La gare est juste à côté. Prends par derrière, un billet de train et tu auras passé la frontière avant que personne ici ne se soit aperçu de ton absence.

La joue droite en sang, Smaïn, dégagé des décombres, ne se le fit pas dire deux fois. Ah non ! Il n'avait pas subi toutes ces tracasseries pour se retrouver en prison. On entendait déjà les sirènes des voitures, celles-ci se rapprochaient de plus en plus du foyer. A moitié assommé par ses blessures à la tête et au bras gauche, Smaïn tenta vainement de suivre les conseils de son cousin. Il venait de s'écrouler au coin de la rue déjà bouclée par la police, une brigade d'intervention et des ambulances. Les journalistes aussi étaient là. Smaïn fut pris de panique dès qu'on avança une civière dans sa direction. Au pays, les terroristes islamistes faisaient eux aussi exploser des bouteilles de gaz butane qu'ils plaçaient çà et là sans distinction aucune.

Allait-on le prendre pour l'un d'entre eux ?

"Non ce n'est pas possible ! Je n'ai pas une tête d'intégriste, se rassura-t-il. Je vais tout leur dire. Ils me croiront, j'en profiterai pour leur demander de me constituer un dossier et le tour sera joué", se répéta-t-il à moitié inconscient alors que médecins et infirmières s'affairaient autour de lui. Des visages déformés, hideux et doux à la fois. "C'est un cauchemar, je dois me réveiller."

– Il délire, dit une voix. Nous ne pourrons rien faire s'il y a traumatisme crânien. Pour l'instant il faut l'évacuer de toute urgence vers l'hôpital. Il faut agir très vite. Deux victimes sont dans le même état et six autres ne sont que légèrement blessées. Nous vérifierons l'identité de chacun à hôpital, là il n'y a pas de temps à perdre.

– Vous vous appelez comment ? Dites-nous votre nom.

(Silence.)

Smaïn était revenu à lui. Qui étaient toutes ces personnes ? Et sa femme ? Où était-elle ? Elle avait l'habitude de l'attendre sous le figuier à son retour des champs. Où était son figuier et pourquoi cette forte odeur et cette piqûre au bras ? Il s'angoissait sous le masque à oxygène et commençait à s'agiter.

– Calmez-vous, vous êtes à l'hôpital, vous avez eu un accident.

– Un accident ? Mon Dieu, la bouteille de gaz au foyer ! Tout était clair à présent, il allait tout leur dire.

– Smaïn, moi vouloir travailler, savoir travailler. Le patron content.

– Content ton patron ? On va voir s'il le sera longtemps, intervint une voix bourrue. Où travailles-tu ? Comment t'appelles-tu ? Et où sont tes papiers ?

– Volés ! répondit, innocemment Smaïn.

– Vous entendez inspecteur ? Encore un de ces foutus clandestins.

– Par où est-il entré ? Qui sont ses complices ?

– Vous lui poserez toutes vos questions dehors, une fois qu'il sera rétabli. Pour l'instant, il est sous notre responsabilité.

– Et sous la nôtre aussi, docteur ! Nous tenons, là, je parierais ma plaque, un gros gibier. Deux agents ont l'ordre de ne pas le quitter des yeux. Ils sont postés dans le couloir. Faites-nous signe dès qu'il sera en état de répondre à nos questions, c'est d'une extrême importance !

Smaïn n'avait rien compris à la discussion. Les policiers semblaient furieux et contents. Comment ces deux sentiments étaient-ils possibles ?

Au pays, ils auraient seulement été furieux. Il n'avait jamais rencontré un sourire chez l'un d'entre eux, toujours à bastonner tout le monde, et surtout les petits marchands ambulants de cigarettes, de bonbons, de vêtements…

La femme médecin qui avait tenu tête aux deux policiers devait être importante. Elle le regardait d'un air apaisant. "C'est à elle que je vais demander les papiers", se dit-il, convaincu d'avoir enfin trouvé la solution. Il ignorait que le quartier où le foyer d'immigrés maghrébins était implanté avait été bouclé et une trentaine de personnes interpellées.

Après trois jours d'observation, l'hôpital fut contraint de le remettre non pas à la police mais au service d'Immigration, sur intervention de l'assistante sociale et de l'avocat constitué par son cousin. Au premier interrogatoire, Smaïn raconta toute son histoire. Une jeune traductrice était là pour que rien ne soit omis. C'était son droit. L'assistante sociale et l'avocat l'avaient rassuré. Il n'était pas dans un pays de sauvages. C'était là au contraire que les droits de l'Homme et les libertés fondamentales de chacun étaient le mieux respectés.

– Je veux vivre ici et travailler, chez moi c'est la misère et la "hogra", l'injustice. Je suis fort, insista-t-il auprès de l'officier de l'Immigration.

– Vous souvenez-vous de l'explosion qui a saccagé une partie du foyer d'immigrés, il y a trois jours ?

– Oui, je voulais faire du café, il faisait froid.

– C'est tout ?

– Oui, je n'ai rien fait. C'est un accident, regardez ma joue et mon bras.

– Et vous étiez arrivé la veille sur les lieux. Vous y connaissiez quelqu'un ?

– Oui, mon cousin. Il m'a trouvé du travail le lendemain sur le chantier et ils étaient contents de moi parce que je suis sérieux. Je ne joue pas avec le pain de mes enfants, j'ai un fils et ma femme va en avoir un autre. Je veux rester là, je ne veux pas retourner au bled, y a pas de travail. Ici c'est mieux.

– Vous nous avez dit tout à l'heure que vous étiez rentré clandestinement par bateau avec deux autres personnes. Où sont-elles ?

– Je ne sais pas. Les autres, ça ne me regarde pas. Moi, je suis venu pour le travail. Je veux des papiers.

– J'ignore s'il fait l'idiot, dit le fonctionnaire à son collègue, mais il n'a pas l'air tout à fait sincère. Il ne sait rien des lois du pays. Il veut des papiers et c'est tout.

– Nous allons étudier votre dossier, monsieur, mais avant, nous allons vous confier aux soins de la police qui voudrait vous poser quelques questions.

– Et après, je reviens ici ?

– Nous verrons. Pour l'instant, vous allez accompagner l'inspecteur Borin jusqu'au commissariat. Maître, nous sommes désolés.

– Désolés de quoi ? répondit l'avocat. Le droit au refuge économique existe, oui ou non ?

– Les conditions ne sont plus les mêmes pour les clandestins.

– Oh, pour les clandestins ! Seulement pour les clandestins ! Parce que vous estimez que pour les autres cela se passe autrement ? Pour qui me prenez-vous ? Pour un demeuré ? Si c'est le cas, nous en reparlerons, je vous le promets !

Au commissariat, l'interrogatoire fut plus musclé.

– Maître, nous avons décidé de le garder. Il y a de fortes chances que votre client appartienne à un réseau terroriste bien implanté.

– Comment dites-vous, bien implanté ? Il est arrivé il y a cinq jours et en a passé trois et demi à hôpital.

– Si nos déductions sont exactes, Smaïn B. serait là pour s'assurer que les groupes de soutien fonctionnent bien. Nous ne pouvons vous en dire davantage si ce n'est que, à l'issue de cet interrogatoire, il sera déféré devant le juge antiterroriste. Ce sera à lui de décider de son sort.

– Pourquoi n'en faites-vous pas un chef islamiste en fuite pendant que vous y êtes ?

– D'autres clandestins arrêtés l'ont désigné comme responsable de groupe.

– Et vous vous basez sur de simples aveux de clandestins. Cela vous suffit pour étayer votre hypothèse ?

– Maître, votre client est lui aussi un clandestin. Ne l'oubliez pas.

– Je voudrais voir mon client.

– Impossible ! Il sera gardé au secret jusqu'à son transfert au parquet.

– Bien ! Sachez quand même que je m'en vais de ce pas alerter la presse et les associations antiracistes.

– Personne n'a le droit de vous en empêcher maître. Faites votre travail et laissez-nous faire le nôtre s'il vous plaît !

Le courage de Smaïn commençait à s'émousser. Où étaient passés son avocat, son cousin, l'assistante sociale, le médecin, la dame qui parlait l'arabe et le français ?

Il avait mal à la tête. La pièce dans laquelle il se trouvait était sombre. Il y distinguait un bureau et une lampe. Pourquoi était-elle éteinte et pourquoi n'y avait-il pas de fenêtre ? N'allait-on pas lui donner ses papiers ? Le régulariser ? Il avait saisi des bribes de phrases quand on l'avait entraîné dans cet endroit lugubre : bouteille de gaz, explosion, Algérien, islamiste, terroriste… Des mots qui ne lui étaient pas étrangers.

Au pays on ne parlait que de cela du matin au soir. Mais pourquoi ici aussi ? "Est-ce qu'ils me prendraient pour un assassin ?" se dit-il soudain, comme si la lumière venait de se faire dans sa tête. "Mais ils sont fous ! Complètement fous ! Je vais leur montrer qui je suis et tout de suite. Me prendre pour un terroriste, moi ?"

D'un bond Smaïn se rua sur la porte fermée à clef et se mit à hurler en y donnant des coups de pied à réveiller les morts.

– Et voilà ! En plus, il se permet de protester. Hé, Mohamed ! qu'est-ce qu'il y a ? T'es pas content ? Tu veux une gonzesse en prime, peut-être ? lui lança vulgairement un agent derrière la porte. On va s'occuper de toi, t'inquiète Momo, dans pas longtemps !

– Moi, pas Mohamed, moi pas Momo, moi Smaïn, pas assassin !

– Mohamed, Smaïn, pour moi c'est kif-kif. Vous êtes tous innocents.

– Moi, pas assassin, moi vouloir travailler !

– C'est ça. Ta gueule, on arrive. Mets-la en sourdine en attendant !

Smaïn, au comble du désespoir, retourna s'asseoir sur la seule chaise branlante qu'il avait abandonnée avec courage quelques instants auparavant.

Personne ne le comprenait ! Et ce grossier personnage qui se moquait de lui, derrière la porte !

"Ils vont me renvoyer au bled. Je vais me tuer. Comment affronter ma famille, mes copains ? Je suis venu travailler honnêtement, me voilà terroriste. Non, il ne faut pas que je retourne là-bas", se dit-il soudain.

Une idée venait de germer dans son esprit. Au village, ils avaient souvent, avec Ali et les autres, parlé des chefs islamistes qui s'étaient sauvés en Allemagne, en Amérique, en France, en Belgique, en Angleterre.

"Je vais leur dire que je suis un chef recherché par la police de mon pays qui va me tuer si je retourne là-bas et, comme ça, ils seront obligés de faire comme pour les autres chefs."

– Hé, Mohamed ! Ça y est, on est à toi !

Des clefs s'enfonçaient dans la serrure, la porte s'ouvrit, une bouffée d'air frais pénétra enfin. Smaïn reprit courage et se paya même le luxe de bomber le torse.

– Qu'est-ce que ça pue ! En deux heures de temps, tu as empesté la pièce.

– Moi pas Mohamed, moi Smaïn B., grand chef islamiste !

– Mais ma parole, il parle tout seul celui-là, sans se faire prier, c'est génial, on va pouvoir boucler le dossier très vite. Vous entendez commissaire ? Il avoue tout de lui-même.

– Oui, commissaire, moi grand chef comme Rabah Kèbir, Anouar Haddam. Moi vouloir rester ici. En Algérie, grand danger pour moi.

– Il nous prend tous pour des cons, les mecs. En même temps, nous sommes obligés de suivre la procédure. La façon dont il a procédé pour rentrer ici correspond à la démarche suivie par les autres. Il ne faut rien négliger. Transférez-le au parquet. Qu'ils se débrouillent avec et prévenez son avocat.

Une heure après, Smaïn quittait le commissariat, aux portes duquel l'attendaient avocat, journalistes et ligues pour la défense des droits de l'Homme. Sous les flashs crépitants des photographes et ignorant tout des micros tendus à son intention, Smaïn se mit à hurler à s'en éclater les poumons.

– Moi grand chef islamiste. Moi vouloir rester ici. Moi pas assassin.

C'était sa demande d'asile politique que Smaïn venait de formuler publiquement sans se soucier de la présence de son avocat.

– Moi, Smaïn, grand chef menacé par la police chez nous. Moi rester ici !

Sous bonne escorte, le présumé grand chef fut conduit dans le bureau du juge chargé de trancher sur son sort. Smaïn avait depuis quelques minutes cessé de trembler.

Il avait atteint le sommet, les avait tous blousés et ressortirait de là enfin avec ses papiers en poche. On allait même lui donner une maison comme aux autres. Le rêve reprenait vie. Il allait se concrétiser, il en était à présent certain.

La voix ferme du juge d'instruction vint interrompre ses divagations et projets.

– Nous allons vous garder avec nous quelques jours, le temps de bien nous assurer, n'est-ce pas maître, que vous êtes bien en danger en Algérie.

– Et après ? Moi avoir mes papiers ? Moi rester ici ?

– Nous verrons cela plus tard. Si vous n'êtes pas menacé par les autorités de votre pays, nous serons dans l'obligation de prononcer un avis d'expulsion. Si vous êtes réellement en danger de mort, nous étudierons les possibilités qui s'offrent à nous de vous garder sur notre territoire. Maître, je souhaiterais vous parler en tête à tête.

Les deux hommes passèrent dans la pièce contiguë tandis que l'on installait Smaïn dans un endroit, en tout cas pensa-t-il, plus confortable que le précédent. "C'est bon signe", se dit-il.

– Maître, êtes-vous sûr que votre client n'a pas besoin de l'assistance d'un psychiatre ?

– Pourquoi un psychiatre ? Pour guérir son désespoir ? Pour l'assurer qu'il n'y a pas de délit de folie dans ce pays géniteur des droits de l'Homme ? Pour le rassurer quant à sa misère et lui dire qu'il n'a aucune chance d'y échapper parce que tous les hommes ne sont pas nés égaux ? Pour lui dire que la vie est injuste et que, la sienne, il devra la passer à ramasser les miettes de ses semblables et qu'après tout il n'est pas le seul à traverser cette galère ?

– Voyons, maître, vous vous égarez !

– Peut-être ! Mais alors expliquez-moi pourquoi ce monsieur aurait besoin d'un psychiatre ?

– Nous n'avons pas retrouvé les deux hommes qui ont embarqué avec lui, mais nous avons pris contact avec les autorités algériennes qui nous affirment n'en avoir jamais entendu parler. Son casier judiciaire est vierge, nous ne pouvons rien pour lui. Il n'est pas question de faire exception à la règle. La loi doit s'appliquer de la même manière pour tous.

– Même quand ils sont prêts à faire le sale boulot pour nous ?

– Je suis désolé, votre client sera expulsé par le premier avion demain en partance pour son pays.

L'univers de Smaïn venait de s'écrouler. La chance en laquelle il croyait ne servait en fait que les riches, ceux qui n'en avaient pas besoin.

Dans le fourgon cellulaire qui se rapprochait de l'aéroport, Smaïn, la tête baissée, avait honte. Il avait échoué dans sa mission. Comment allait-il supporter l'humiliation ? On lui avait pourtant assuré que ce serait facile. Mensonges ! Tous des menteurs ! Les passagers en salle d'attente le virent traverser le couloir, menottes aux poignets, une grande enveloppe sous le bras d'un des quatre policiers armés jusqu'aux dents. On le confia au commandant de bord chargé de le remettre aux soins de leurs collègues algériens et cela, Smaïn ne l'avait su qu'à la dernière minute.

A Alger, on s'occupa de lui énergiquement. Smaïn le paysan les avait ridiculisés et il allait le payer. Quelques jours après, on informa sa famille qu'il s'était enfui du commissariat et que des terroristes l'avaient assassiné au square Port-Saïd. Etrange coïncidence ! A l'endroit même où l'aventure de Smaïn avait commencé.

KADIR VAN LOHUIZEN est né en 1963, aux Pays-Bas. Il a vingt-trois ans quand il commence à travailler comme photographe free-lance. Il photographie les Palestiniens des territoires occupés, publie *Living in Resistance* en 1988 et réalise de nombreux sujets de fond dont la vie quotidienne des réfugiés Sahraouis au Sahara occidental, les conditions de vie des travailleurs noirs en Afrique du Sud, un portrait du Mozambique après quinze ans de guerre civile (publié aux éditions Meulenhoff avec la collaboration d'Adriaan van Dis), etc. Membre de l'agence Hollandse Hoogte depuis 1988, diffusé par l'agence VU depuis 1995, il travaille aussi en Chine, ex-Yougoslavie, Russie, Sierra Leone... Ses reportages sont publiés dans les principaux quotidiens et magazines européens et internationaux, et de nombreuses fois primés en Hollande et à l'étranger. Depuis plusieurs années, il se préoccupe de la question de l'immigration en Hollande. Il poursuit un reportage, débuté en 1993, sur la vie d'une famille marocaine à Amsterdam. Trois mois de patientes démarches administratives sont nécessaires avant de pouvoir accéder aux lieux où transitent les demandeurs d'asile et photographier Smaïn. La demande de ce dernier est "traitée" en trois jours et demi. Son histoire est celle de milliers d'autres. Il a quarante ans. Il n'a pas de travail, sa petite famille dépend des six mille francs belges (mille francs français) que Samira gagne par mois dans un atelier de couture. Après quelques mois en Allemagne, il poursuit la recherche du bonheur aux Pays-Bas où il demande l'asile. Sa demande refusée, il pense qu'il sera renvoyé en Allemagne. Schengen ne lui dit rien, il ne sait pas que le refus des Pays-Bas vaut pour toute l'Europe.

MALIKA BOUSSOUF est née en 1954 en Algérie. Psychologue de formation, elle exerce le journalisme depuis de nombreuses années. Le grand public la découvre lorsqu'elle produit et anime "Show Débat", une émission de radio à caractère polémique, comparable en popularité au "7 sur 7" d'Anne Sinclair en France. De sa voix cassée, elle y dénonce les abus politiques et la corruption. Elle saborde volontairement ce programme à l'assassinat du président Boudiaf pour ne pas cautionner la politique du nouveau pouvoir. Condamnée à mort par les intégristes en 1993, elle poursuit son parcours professionnel comme grand reporter au *Soir* d'Algérie, le premier né des quotidiens indépendants. Les bureaux de ce dernier sont soufflés par l'explosion d'une bombe en février 1996, faisant vingt-trois morts et une centaine de blessés. Malgré l'extrême difficulté de pratiquer le journalisme d'investigation en Algérie, Malika Boussouf continue de mener le combat sur place ; elle refuse l'asile politique que lui propose un pays européen. Malika Boussouf est l'auteur de *Vivre traquée* publié aux éditions Calman-Lévy en 1995.

Réfugiés voisins

Photographies de
Sebastião Salgado
réalisées en ex-Yougoslavie

Brouilleurs de cartes
Commentaire de
Elias Sanbar *(Palestine)*

Après avoir fui la Krajina, sur la route qui
mène en Serbie, les réfugiés ont été attaqués par la population croate. Beaucoup
de voitures et de bus ont vu leurs fenêtres
brisées et de nombreuses personnes ont
été blessées. Certaines ont même été tuées
par des jets de pierres.

Après avoir fui la ville de Zepa et les attaques
serbes, une partie de la population retourne
vers Zepa d'où les Serbes les renvoient,
entassés dans des bus, vers Kladanj.

... Au terme d'un long voyage en bus, les réfugiés doivent encore faire 10 km à pied, traversant des zones de combat, avant de pouvoir rejoindre Kladanj et la relative sécurité du gouvernement bosniaque. Après une brève halte aux baraquements installés par le HCR des Nations-Unies, les réfugiés repartent pour un nouveau voyage de 8 heures en bus à destination de Zenica.

Ce gymnase du centre sportif de la ville de Strem Metrovica
accueille mille deux cents réfugiés.

La plupart des maisons de Turanj ont été détruites. Les champs aux alentours sont truffés de mines et les réfugiés sont continuellement en danger. Vingt personnes déjà, principalement des enfants, ont été grièvement blessées par ces mines.

Camp de réfugiés de Vinkovci. Cent cinquante personnes vivent
dans deux trains. Jadis, Vinkovci était une des plus grandes gares
de triage d'Europe et la plus importante de Yougoslavie. C'était
le point de rencontre des principaux trains reliant l'est à l'ouest.

Camp d'Ivankovo. Cent vingt réfugiés
vivent dans un seul long train.

BROUILLEURS DE CARTES • Inviter des "hommes du Sud" à parler des "réalités du Nord" pose un problème d'orientation. L'intention est claire, certes, d'inverser pour une fois l'ordre des regards, de fournir l'occasion à ceux qui sont habituellement objets d'observations de devenir sources de vision. Mais il n'en demeure pas moins que cela place les heureux élus de ce retournement ponctuel des choses devant la question de signaler leur propre position sur les cartes.

Les choses sont encore plus compliquées pour l'Arabe que je suis par le fait que les anciens géographes arabes, pionniers en leur temps de la cartographie, avaient fixé – soulignant ainsi que les points cardinaux ne sont finalement que convention arbitraire – leur sud à la place de l'actuel nord et inversement. Ce qui impose à quiconque veut consulter l'admirable atlas de Idrîsî par exemple, de retourner les cartes sens dessus dessous, pour retrouver son nord.

Mais ce n'est pas tout. Il se fait que je suis également moi-même un réfugié palestinien, né au nord de mon pays, expulsé en 1948 par les pionniers d'un autre nettoyage ethnique, vers le sud du Liban qui, comme on peut le constater sur n'importe quelle carte, se trouve néanmoins au nord de la Palestine.

Où sommes-nous ? Où êtes-vous ? Telles sont les premières questions que nous posent les photos de réfugiés de Bosnie, imposant à quiconque voudrait comprendre de commencer par s'écarter de considérations de simple localisation, lieu d'origine-lieu d'exil, des déplacés. A cette donnée générale, vient s'ajouter le fait que dans le cas précis de la Bosnie, ces hommes, ces femmes et enfants, bien qu'ils *soient* certes au nord, n'ont pas pour autant été admis comme *étant* du Nord.

Et l'on peut avancer, sans le moindre mépris pour l'élan de solidarité humaine de nombreux Européens, que l'identité culturelle, l'état de société des Bosniaques, l'association quasiment automatique et inconsciente que chacun fait entre sous-développement et islam, ne leur a pas assuré un droit de cité qui, dépassant leur horrible réalité, aurait fait d'eux des citoyens européens à part entière. Ce qui explique en partie que la majorité des voisins de l'ex-Yougoslavie continuent de percevoir cette guerre comme un conflit sudiste éclos en terre nordiste. Erreur d'optique qui permet de se rassurer, en pensant qu'il s'agit là d'un mal extérieur, menaçant certes les corps saints et bien portants des "vieilles démocraties", mais comme une épidémie venue du "dehors", et que l'on peut traiter en commençant par l'endiguer, par arrêter sa progression, avant de la résorber en *fixant* les réfugiés dans leurs points d'exil. Les accords de Dayton sont en profondeur l'expression de cette thérapie aveugle.

Or, les réfugiés, qu'ils soient du Nord, du Sud, de l'Est ou de l'Ouest, sont avant tout les brouilleurs de cartes par excellence, et leur malheur détient la force de sortir tout spectateur de son propre territoire. Les déterritorialisés déterritorialisent quiconque les voit. Ce n'est pas la moindre des raisons qui font que leur vue est intolérable. Et tandis que leurs bourreaux œuvrent à effacer littéralement leur présence, les Etats-arbitres de ces conflits, s'ils contribuent à alléger leur misère, s'évertuent à les installer dans le terrible territoire de l'absence.

Ce double malheur est visible dans les photographies de Sebastião Salgado. Elles témoignent d'autre chose aussi.

Ces images qui montrent la détresse, qui donnent à voir les nouvelles résidences des expulsés, la précarité permanente de leur quotidien, sont fondamentalement des images-temps. Elles disent une vérité liée à tout déplacement massif de population, où qu'il survienne : chassés de chez eux, les réfugiés sortent non seulement de leurs espaces familiers, mais du temps. Et leur existence se confond dès lors avec l'attente de le réintégrer. Ces milliers de personnes qui fixent l'objectif suspendues aux cordes du vent disent l'interruption de la durée, et leur espoir de la retrouver en rentrant dans leurs foyers.

En regardant ces portraits d'hommes, de femmes et d'enfants, je vois une attente que je connais intimement. Celle que je vois depuis un demi-siècle dans les yeux des miens. Celle aussi des réserves "indiennes", des Arméniens, des Kurdes et de tant de déplacés forcés. En cela, les personnages de Salgado, sont quelque part des morts, résidents du territoire tragique de l'absence. Et leur silence est assourdissant.

Venues de l'extérieur du temps, coupées de tous les points cardinaux qui ne sont utiles qu'aux vivants, leurs voix disent l'urgence. Avant que leur mort encore visible ne s'accomplisse. Avant que leurs portraits n'aillent rejoindre, sur les présentoirs des cartes postales, ceux pris par l'Américain Curtis qui, au siècle dernier, témoigna du départ des grandes nations indiennes vers les "grandes prairies" de l'absence définitive.

SEBASTIÃO SALGADO est né en 1944 à Aimores (Brésil). Economiste de formation, il commence à travailler comme photographe free-lance en 1973 et entre à l'agence Gamma. En 1979, il réalise son premier reportage de fond sur l'immigration en Europe et rejoint Magnum. De 1977 à 1984, il mène un travail sur les conditions de vie des paysans et la résistance culturelle des Indiens d'Amérique latine. Son premier livre, *L'Homme en détresse*, réalisé et publié en collaboration avec Médecins Sans Frontières en 1986, est le résultat de quinze mois de travail aux côtés des équipes lors de la grande sécheresse au Sahel. *Autres Amériques* verra le jour la même année. En 1986, il entame un vaste projet documentaire sur les systèmes et les rapports de production dans le secteur économique dans vingt-six pays des cinq continents, *La Main de l'homme*, publié en huit langues à partir de 1993 et primé par le Festival d'Arles et l'International Center of Photography. Le reportage sur les réfugiés de l'ex-Yougoslavie fait partie de son nouveau projet sur les mouvements de populations dans le monde, démarré en 1994. La même année, il quitte l'agence Magnum et fonde Amazonas Images. La liste des distinctions accordées à ses travaux est longue, citons le prix Eugene Smith pour la photographie humaine (Etats-Unis, 1982), le prix Hasselblad pour l'ensemble de l'œuvre (Suède, 1989), le Grand Prix national du ministère de la Culture et de la Francophonie (France, 1994), etc. Les photographies de Salgado sont exposées dans le monde entier et publiées dans les plus prestigieux magazines internationaux.

ELIAS SANBAR est né en 1947 en Palestine. Il passe son enfance au Liban. Dès la fin des années soixante, il s'engage dans le mouvement de résistance nationale. Historien, chercheur à l'Institut des études palestiniennes à Beyrouth, il enseigne au Liban puis en France et aux Etats-Unis. Au sein de la *Revue d'études palestiniennes* dont il est le rédacteur en chef, il mène à partir de 1981 un combat intellectuel pour la reconnaissance des droits nationaux de son peuple et la réconciliation israélo-arabe. Membre de la délégation palestinienne aux négociations bilatérales de paix à Washington en 1992, il est nommé un an plus tard à la tête de la délégation aux pourparlers multilatéraux de paix sur les réfugiés. Elias Sanbar est membre du CNP (comité national palestinien) depuis 1988.

.

Virus de fin de siècle

Photographies de
Steve Hart
réalisées aux USA

*Sida, entre fantasmes archaïques
et peurs apocalyptiques*
Commentaire de
Laënnec Hurbon *(Haïti)*

Ralph et Sensa vivent dans le sud du Bronx, à
New York. Ils n'ont pas d'emploi et bénéfi-
cient de l'aide sociale. Sensa est mère de six
enfants, tous de père différent. Quatre filles
vivent avec eux : Rosa, Christina, Jessica et
Sensita ; elles sont toutes séronégatives. Ralph
est le père de la plus petite, Rosa. La photo a
été prise le jour où ils ont appris que Rosa
était séronégative.

Le jour de Noël.

Sensita danse.

double page précédente :

page de gauche : Ralph et son grand frère, Angel, mort du sida.

page de droite, en haut : Sensa, la veille du jour où elle descendra dans la rue pour se prostituer.
en bas : Après l'école.

ci-dessus : Sensita et Ralph à l'enterrement de Sensa.

Sensa est morte à l'âge de trente-cinq ans, atteinte du sida.

Sensita fait un vœu.

SIDA, ENTRE FANTASMES ARCHAÏQUES ET PEURS APOCALYPTIQUES

Associé à la sexualité et à la mort, le sida a été, dès les premières annonces de sa découverte, l'épidémie qui réveille fantasmes archaïques et peurs apocalyptiques à travers le monde occidental moderne. Là où l'on croyait que vaccins et pénicillines pouvaient assurer la plus grande des sécurités contre les forces adverses de la nature, le sida vient rappeler la fragilité d'un système de civilisation fondé sur le repli individualiste et sur le culte du corps. Tous ceux qui seront atteints par le virus mourront inéluctablement et nul n'est à l'abri a priori. La mort-destin, la mort qui ne se laisse plus apprivoiser ni conjurer, vient altérer la paix de la cité en se logeant là même où l'on prétendait construire des châteaux forts, c'est-à-dire autour du corps conçu comme première et dernière valeur. Comment donc repousser le mal fatal loin de soi et quels murs faudra-t-il dresser à nouveau pour empêcher son infiltration au cœur même de la cité ? Est-on prêt à prendre la mesure d'une telle attitude quand le monde actuel n'est plus qu'un village ?

En dépit des dépenses importantes déjà faites par les Etats-Unis, par l'Europe ou par des organismes internationaux comme l'OMS (l'Organisation Mondiale de la Santé) pour trouver le vaccin et les soins appropriés, le sida n'a souffert jusqu'ici d'aucune commune mesure avec d'autres maladies pourtant aussi dévastatrices que la tuberculose, le paludisme ou le cancer. On dirait qu'il était pris pour la maladie par excellence, celle qui vient briser radicalement le cours de la vie, en faisant du vivant qu'il atteint un mort en sursis, un mort déjà transparent à lui-même, parce qu'habité par la mort. Mais avec cette nuance près que tout semble se passer comme si cette mort frappait, à travers l'individu, le corps social tout entier, étant entendu que c'est le contact avec l'autre qui est à la source de la propagation de la maladie.

Ce qui aurait pu apparaître comme source d'interrogation sur le sens de son existence singulière et du rapport de soi avec l'autre s'efface sous la prise en charge du corps social préoccupé de repousser cette "inquiétante étrangeté" inassumable par une civilisation, celle des pays dits du Nord, construite sur la peur de l'autre ou de l'étranger.

Jusque dans leur prétention à éduquer à la prévention contre le mal et à témoigner d'une certaine compassion pour ceux qui sont atteints par le virus, les médias occidentaux[1] se sont hâtés de surcharger l'épidémie de sens et de l'attribuer à telle ou telle classe d'individus ou de communautés, comme pour élever de nouvelles fortifications autour de la cité déjà assiégée. Une invasion étrangère, tel est le premier discours auquel donna lieu le sida. A vrai dire, du génocide indien à l'esclavage des Noirs dans les Amériques, comme de l'holocauste des années 1939-1945 aux guerres coloniales et à la chasse aux immigrés venant des pays du Sud, une seule et même épreuve pour le Nord se laisse découvrir : celle d'un rapport spécifique à l'étranger, marqué par la peur de sa trop grande proximité. Il faudra qu'il soit stigmatisé, exclu ou produit comme bouc émissaire. Si l'on peut retrouver dans toutes les sociétés humaines la même tendance, elle semble pourtant avoir atteint des niveaux inquiétants dans l'histoire du développement de l'Occident.

Qu'aujourd'hui le processus de mondialisation ne cesse encore de produire des marginalisés et des exclus, ce n'est point là une surprise, mais que de l'épidémie du sida on puisse rechercher la rente d'une nouvelle division plus profonde entre privilégiés et exclus, voilà qui devrait susciter une interrogation plus radicale sur le cours actuel de l'histoire. Pendant que l'épidémie se développe ou se réfugie parmi les couches défavorisées des sociétés du Nord comme du Sud, on se préoccupe de détecter et de stigmatiser des groupes dits à risque, comme s'il pouvait exister une prédisposition native au sida. Une véritable théologie de la prédestination paraît servir de dispositif langagier autour de l'épidémie afin de rouvrir le chemin aux schémas et aux pratiques de l'exclusion.

1. On lira avec profit l'excellente analyse des représentations du sida dans les médias que vient de proposer Alain Ménil dans un article intitulé "Le sida sans détour ni transcendance : critique de l'interprétation et de ses grands prêtres", dans *Les Temps modernes* (juillet 1996, p. 1-87). Dans les pays occidentaux développés, on croit qu'il y a "une articulation logique entre la transmission du sida aux groupes d'homosexuels masculins et de toxicomanes, et l'inclusion d'un risque inhérent à leur identité ; on reprendrait donc les mêmes représentations imaginaires que celles du Moyen Age ou du XIXe siècle pour les maladies dont on ne disposait pas encore de traitement curatif : des classes d'individus destinés à être des victimes" (p. 16).

Il n'y a pas si longtemps, soit encore au XIXe siècle, esclaves dans les Amériques ou ouvriers en Europe pouvaient espérer entrer progressivement dans l'humanité universelle et en tous cas vivre du fantasme de l'Etat-providence auquel ils soumettaient des doléances ou des revendications. Cette fois, depuis les années 1970-1980, l'immigré sans papiers, donc dépourvu de droits, en Europe, n'est plus qu'un *incompté* du nouvel ordre qui se met en place. Ainsi la femme qui vient des pays du Sud à la recherche de la vie et qui finit par se prostituer, mourra, elle et sa famille, dans l'indifférence générale des institutions de l'Etat. C'est que, dans une sorte d'amnésie par rapport à l'histoire de la discrimination et de la production de la pauvreté, on la croit frappée de malédiction, ou seule responsable de son malheur.

Que s'est-il justement passé aux Etats-Unis[2], épicentre des premières rumeurs sur l'apparition de l'épidémie ?

En 1982, le *Center for Disease Control* à New York désigne les homosexuels de Californie, les hémophiles, les toxicomanes et les Haïtiens immigrés comme les groupes les plus touchés par l'épidémie. Puis, peu à peu, on conduit l'opinion publique à croire que la simple appartenance à la communauté haïtienne met un individu en mesure d'attraper le virus, car on aurait découvert une connexion haïtienne du virus. Du Zaïre, les Haïtiens l'auront transporté en Haïti où les touristes américains homosexuels venus en grand nombre (145 558 Américains pour la seule année 1979), seront à leur tour contaminés. Enfin, en 1985-1988, le sida est l'aubaine toute offerte pour justifier le refus des *boat people* haïtiens qui envahissent la Floride pour fuir la misère et la dictature dont on sait pourtant qu'elles sont en grande partie les résultats de la politique impériale des Etats-Unis dans la région de la Caraïbe.

Dans la presse américaine, on achèvera de consolider l'imaginaire d'un rapport essentiel entre Haïtiens et sida à travers le recours au vaudou,

2. Voir l'étude très fouillée de Paul Farmer sur la remontée du racisme anti-Noir et anti-Haïtien aux Etats-Unis à la faveur de la découverte du sida, *Aids and Accusation, Haïti and the Geography of Blame,* University California Press, 1992.

culte populaire hérité de l'Afrique noire, qu'on interprétera comme haut lieu de rites sacrificiels, d'orgies et de bacchanales où le sang est à l'honneur. De prestigieuses revues d'associations médicales publient des articles qui s'interrogent sur les pratiques du vaudou comme la source et l'origine du syndrome du sida. Noirs, Hispaniques et Haïtiens, autant que les homosexuels, sont devenus, aux Etats-Unis, les sources privilégiées non plus du sida comme tel, mais d'un racisme ravivé par la rumeur de la pandémie.

Plus on avance dans la connaissance réelle des facteurs du sida, plus on découvre cependant que les groupes dits à risque constituent un fantasme et que le risque concerne la pratique sexuelle elle-même. Le sida a beau frapper en tout premier lieu les couches sociales défavorisées des pays du Nord comme du Sud – il est par exemple la deuxième cause de mortalité pour les groupes d'âge de quinze à quarante-cinq ans dans les communautés noires et hispaniques des Etas-Unis ; dans les pays d'Afrique noire, il sévit dans des proportions depuis longtemps alarmantes, en sorte que l'espérance de vie baissera de quinze ans en 2010 ; de même en Haïti, en 1989, 10,5 % des habitants du bidonville appelé Cité Soleil sont atteints par le virus. L'épidémie demeure encore un analyseur exceptionnel de la civilisation occidentale qui proclame universelles ses normes et ses valeurs, pendant qu'elle reprend, face aux étrangers, des législations fondées sournoisement sur le sang.

La réalité de la maladie semble même être réduite à une peau de chagrin face aux représentations catastrophistes auxquelles elle a donné lieu jusqu'ici.

Dans un premier temps, par le seul fait qu'il est encore incurable, le sida introduit une fissure dans les préjugés de la médecine moderne, là où elle prétend davantage guérir que soigner. Cette fois, le médecin ne dispose plus du même pouvoir et ne peut plus se contenter de s'adresser au malade à la troisième personne. Un rapport intersubjectif s'impose, et c'est toute une nouvelle vision du corps, de la maladie et de la guérison qui doit voir le jour, mais en même temps, c'est toute une chaîne de nouveaux rapports sociaux qu'elle implique, par la sortie du règne de la marchandise, de la consommation et des objets sous lesquels l'humanité de l'individu s'évanouissait.

Dans un deuxième temps, reléguer l'épidémie dans le seul club des groupes dits à risque, pour la produire comme maladie honteuse, comme châtiment de conduites immorales ou encore comme résultat d'une mentalité culturelle primitive et infantile, c'est s'engager dans une dénégation de la condition moderne de brassage des peuples et de planétarisation effective du monde.

Ainsi par exemple, l'affaire du sang contaminé en France est le symptôme que l'épidémie laissait désemparées les institutions de l'Etat dans leur volonté de ne rien savoir sur les mécanismes réels de transmission de la maladie et de se rabattre sur le processus plus sécurisant de stigmatisation de certaines catégories sociales. De même, dans la partie française de l'île de Saint-Martin, commune de la Guadeloupe où l'on dénombre seize mille étrangers sur une population de vingt-neuf mille habitants : 5,3 % des femmes testées en consultation prénatale sont séropositives, en sorte que le taux des personnes atteintes par le virus est quinze à vingt fois le taux français et quatre à cinq fois le taux new-yorkais. Parmi elles, les plus touchées sont les étrangères d'origine caribéenne qui sont dans la tranche d'âge des 25-39 ans et qui vivent dans une situation sociale précaire. Mais, en dépit du fait qu'environ quatre-vingts groupes ethniques ou nationaux circulent dans l'île à cause d'une importante activité touristique, ce n'est point d'abord la recherche de structures efficaces de lutte contre l'épidémie (accueil des malades, information par la prévention) qui semble être le souci principal des pouvoirs publics métropolitains : une chasse aux Haïtiens venus comme ouvriers du bâtiment, mais maintenant comme illégaux, a été déclenchée, comme si, par des charters, le sida pouvait être enrayé de l'île[3].

3. Pour plus de renseignements, on se reportera à l'article de F. Bardinet, de Caunes et J. L. Hamlet, "Ile de Saint-Martin : on n'expulsera pas l'épidémie par charter", dans *Le Journal du sida*, n° 79, nov. 1995, p. 37-38.

En somme, le mode même d'expansion de l'épidémie du sida, qui ignore les frontières, requiert des solutions à l'échelle mondiale et invite instamment à une rupture avec la toute-puissance aveugle de l'économie néolibérale qui produit un monde où les plus privilégiés sont assurés de vivre, et où les soins sont dispensés à ceux-là seuls qui ont les moyens de paiement.

A travers l'épidémie du sida, l'on découvre que c'est toute l'humanité qui se trouve confrontée à elle-même et qui est acculée à sortir enfin des schémas dévastateurs du nationalisme et du racisme.

Pendant que se mettent en place des garde-fous, barrages et murs contre les étrangers, la fragilité des fondations de l'Occident moderne apparaît chaque jour avec une plus grande clarté. Le succès des divers mouvements religieux et sectes semble être l'un des signes d'une implosion progressive de ce type de civilisation qui se croit déjà parvenir à la "fin de l'histoire" avec le triomphe de l'économie néo-libérale.

L'idée d'une humanité universelle demeure encore un horizon lointain et pourtant c'est elle qui devra imposer sa fonction rectrice de la marche du monde, non point comme si nous étions encore rivés à l'époque de Las Casas, de l'Abbé Grégoire ou de Condorcet : il y va cette fois du futur de l'espèce humaine comme telle et non plus du destin d'une partie du monde qui persisterait, dans une sorte de fuite en avant, à se prendre encore pour le centre et le point d'aboutissement de toute l'histoire humaine.

STEVE HART est né en 1962 au Texas. Il étudie la photographie au Hampshire College et devient assistant de Ian Berry et Chris Steel-Perkins au bureau Magnum de Londres. En 1986, il s'installe à New York et travaille comme photographe indépendant pour divers magazines et quotidiens. En 1991, son reportage sur une église afro-américaine de Brooklyn est récompensé par The New York Foundation for the Arts. Parallèlement à son travail en free-lance, il poursuit depuis 1990 un reportage photographique autour de Ralph et Sensa, jeune couple d'origine portoricaine qui a contracté le sida à travers l'usage de la drogue. Ce travail est exposé dans les grandes villes des Etats-Unis, au Brésil, en Espagne, en Ecosse et en Belgique. La chronique de la vie de Ralph, Sensa et de leurs quatre enfants, la pauvreté envahissante, la violence conjugale et la prostitution, font de cette histoire un microcosme de la vie dans les grandes villes, incapables d'apporter une solution aux graves problèmes qui, lentement, les désintègrent. Un CD Rom de ce travail est actuellement en préparation.

LAËNNEC HURBON est né à Jacmel, en Haïti en 1940. Sociologue et homme de lettres, ses nombreux ouvrages et articles traitent principalement des interactions entre religion, culture et politique dans sa Caraïbe natale principalement. Ses recherches comparatives l'emmènent aussi en Afrique noire et en Amérique latine où il est beaucoup lu. Publié en plusieurs langues, ses plus récents livres s'intitulent *Culture et dictature en Haïti : l'imaginaire sous contrôle* (L'Harmattan, 1979) ; *Les Mystères du vaudou* (Gallimard, 1993) ; *Transitions démocratiques* (Syros, 1996). Féru d'anthropologie et d'histoire, il s'implique dans diverses initiatives qui retracent la mémoire de son peuple : rédacteur pour l'Unesco de la série de volumes *Histoire de l'Amérique latine et de la Caraïbe* ; fondateur de la revue haïtiano-caraïbéenne *Chemins critiques* ; consultant pour l'Exposition sur les Arts sacrés du vaudou (Fowler Museum, Los Angeles) ; membre du Comité international du projet de l'Unesco "La Route de l'esclave"... Laënnec Hurbon est actuellement directeur de recherches pour le Centre National de la Recherche scientifique en France.

Sans domicile fixe

Photographies de
Jean-François Joly,
Metis Images,
réalisées en France

Maréchal d'enfer
Commentaire de
Tierno Monenembo
(Guinée)

Je tiens à remercier
Gérard, Kadour, Diamantino,
Daniel, Georges, Patrick, Jean-
Marc, Josiane et tous ceux qui ne
sont pas présents, ainsi que les
équipes médicales et paramédi-
cales du CHAPSA de Nanterre pour
leur accueil chaleureux ; François
Wibo de Polaroïd France et tout
spécialement le Dr Xavier
Emmanuelli qui saura m'excuser
de ne pas trouver les mots pour
exprimer à quel point j'apprécie
son humanité.

JEAN-FRANÇOIS JOLY

Gérard, 44 ans, automne 1993.

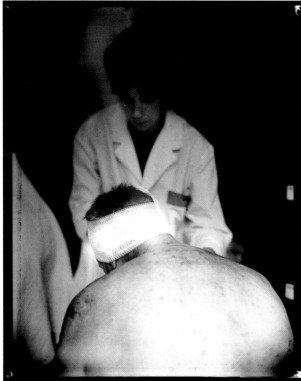

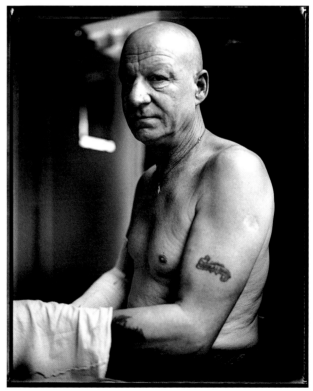

de gauche à droite, de haut en bas :
Diamantino, 42 ans, printemps 1994. Daniel, 50 ans, été 1993.
Georges, 53 ans, été 1993. Patrick, 47 ans, automne 1993.

page de droite : Kadour, 61 ans, été 1993.
double page suivante : Jean-Marc, 34 ans, automne 1993. Josiane, 67 ans,
printemps 1994.

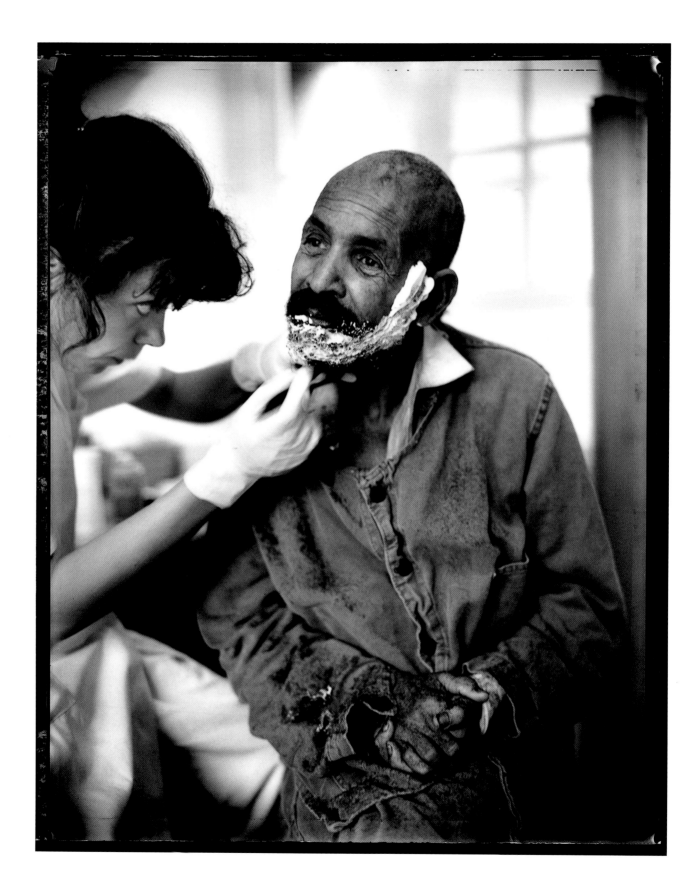

MARÉCHAL D'ENFER • Signe qu'il était encore novice, Pois-Chiche n'avait pas perdu la manie de jurer ou de faire la grimace quand Minou lui léchait le coude. Je ne saurais compter le nombre de nuits qu'il vivait avec nous depuis que, fatigué de faire l'ermite, il avait traversé le pont pour nous exposer ses chagrins d'amour, ses caprices et ses gerçures. Vingt, cent quinze, une douzaine de petits milliers ? Je n'en savais fichtre rien. ("Vivez sans compter !" J'avais fini par faire une règle d'or de ce conseil de Maréchal.) Ce qu'il fallait, je suppose, pour me faire à son odeur de fouine, à ses mélodieux borborygmes, à ses "mer-deu" bien sonores assenés pêle-mêle. C'est fou ce qu'en peu de temps, on apprend à regarder dans le cibou-lot des gonzes ! Il pouvait songer à n'importe quoi (sortir son briquet de sa poche ou visiter les *Stocks Gallibert et Frères*) que je le savais avant qu'il n'ait fini de se décider. En particulier quand il voulait demander à Smirnoff de lui prêter l'agrafeuse. Un maudit petit appareil que j'avais eu la connerie de subtiliser à une vieille dame aux alentours de la gare et qui nous avait déjà causé tant d'emmerdes ! Moi qui pensais à une caméra quand je l'avais aperçu, emballé dans du papier kraft, dans les mains de la dame ! Crimée, le premier, en avait mesuré l'inestimable utilité. Pas besoin de se casser la tête pour deviner la victime. Cette bonne poire de Téquila. C'était sur elle que le mauvais sort s'empressait de se jeter chaque fois que le bon peuple avait besoin de se bidonner un peu. Téquila pionçait sur la planche (son *cosy-corner*, disait-on, pour éviter de froisser sa princière susceptibilité) rassasié qu'il était d'un jéroboam de clairette, négocié selon les règles de l'art aux *Stocks Gallibert et Frères,* quand Crimée s'empara du zinzin pour lui agrafer la braguette. La scène fut cocasse quand, à son réveil, il se dirigea vers le quai, histoire de s'ébrouer et de soulager sa vessie. Maréchal qui ne rit que quand le génie le chatouille, Maréchal – je vous le jure ! – manqua de s'étrangler en voyant Téquila trépigner et se contorsionner, en usant de tous les subter-fuges pour pouvoir se déboutonner. Mais il était déjà tard quand, pris d'un obscur remords, j'arrêtai de m'esclaffer pour lui venir en aide. La pisse lui sortait de partout. Elle jaillissait en longs filets jaunâtres et par les fissures de son pantalon et par les trous glauques qui dévoraient ses chaussures. Il se passa alors quelque chose d'inédit : Téquila se mit à pleurer. Cela ne se vit pas tout de suite. Je crus d'ailleurs qu'il voulait éternuer tellement, il avait l'air interloqué avec sa bouche entrouverte et son bras duveté posé de travers au milieu de la gorge. Seulement, deux grosses larmes lui mouillèrent les joues et sa lèvre inférieure se mit à trembler avec une frénésie qui faisait peine à voir.

— Fallait pas faire ça. Je t'assure, fallait pas, Crimée.

— Ha ! s'esclaffa Crimée. Il veut nous faire croire que c'est la première fois que cela lui arrive ! Allons, avec le métier que l'on fait, y en a pas un qui n'y passe un jour, et plutôt sans agrafe qu'avec, n'est-ce pas vous autres ?... Et puis hein, s'il fait tant de chichis, sa place n'est pas parmi nous. Qu'il rejoigne les rupins, dans ce cas ! A Auteuil aussi, il s'en passe des choses et, plus "dégueu" qu'ici, dans les beaux carrosses mon gars ! Et le beau Crimée de ricaner, dégoulinant de bave ! Après quoi, il se saisit des sachets de supermarché lui servant de fourre-tout et se dirigea vers le pont-canal. Je m'amusai à le regarder tituber dangereusement entre le remblai et le rebord du quai, l'air d'un Martien dans ses Pataugas sans lacet et son vieux pantalon de gabardine retenu par une ficelle et, été comme hiver, gentiment entrouvert sur la touffe noire de son pubis. Pour moi, évidemment, l'incident était clos.

Le lendemain, on retrouva Téquila flottant à quelques mètres de la malterie. On nous hébergea chez les sbires, une longue suite de nuits. Nous faillîmes y laisser la vie pour moult funestes raisons, surtout, l'odeur de renfermé "encore plus nuisible à la santé qu'une cure d'eau de Vichy" (un autre mot de Maréchal qui a coutume d'ajouter que l'air libre vaut mieux qu'un grand bol de potage au sommet de l'Himalaya). Le temps qu'ils tapent des papiers gros comme une maison et que le légiste leur fourre bien dans le crâne que ce n'était là rien de plus normal qu'un banal suicide de plus. Alors seulement, le brigadier nous gratifia d'un magistral "Allez secouer vos puces ailleurs !" ceci sans même nous permettre d'accompagner Téquila à la fosse commune de Thiais. Même que Maréchal menaça rien de mieux pour éliminer toutes ces saloperies de microbes qui en veulent aux fils de l'Homme." C'est ainsi que nous fîmes connaissance. Peu de temps après, mes affaires à la gare commencèrent à péricliter par la faute d'un malappris d'agent à casquette qui vint me signifier que je dérangeais *ses passagers* avec mes allures de mendiant et mes louches propositions de porteur de bagages.

– Tu n'as qu'à venir avec moi, me dit Téquila. Je vis à deux pas d'ici avec une petite bande de copains sympas comme Jésus. Eh oui, un coin bien à nous, sans bagarres, sans sbires et sans casse-pieds et avec ça, toute une supérette où tu te sers à l'œil. Tu n'auras qu'à faire comme nous. Tu verras, on t'apprendra.

Je ne fis pas grand cas de la méfiance des premiers jours. C'est ainsi, quand les gens se rencontrent, au Bénin comme au pôle Nord. Le plus difficile fut d'apprendre à se faufiler dans le parking souterrain sans se faire voir par la mégère qui tient la station BP située en face, de monter le sordide escalier de fer menant à la réserve des *Stocks Gallibert et Frères* (une salle glaciale et sombre séparée de la supérette par un grossier rideau de caoutchouc). Ce qui, aussi téméraire que cela me paraissait à l'époque, n'était jamais que la première phase d'un long cycle de périls. Ensuite, il fallait se cacher dans une poubelle du débarras dans l'espoir qu'il ne viendrait l'idée à personne d'y venir chercher une pelle ou un balai-brosse. Entre midi et deux, service minimum : les caissières s'en allaient déjeuner ; il ne restait que la plus jeune et le bonhomme en blouse bleue, qui était préposé, je suppose, à la manu ou à l'entretien. Ils étaient, sans le savoir, la source de notre bonne fortune. Les clients étaient rares à cette heure de la journée (juste quelques oublieux venus pour une tranche de jambon ou un pot de moutarde). Alors, ils en profitaient, les tourtereaux, pour se peloter dans les toilettes. Et comme, ils ne refermaient jamais la porte de la réserve, normalement toujours verrouillée de l'intérieur, on pouvait en profiter pour y entrer, histoire de faire nos courses aussi. Attention, juste ce qu'il faut pour nos modestes besoins. Là-dessus, Maréchal était on ne peut plus clair : "Ne prenez que ce que vous pouvez cacher. Le premier qui se fait prendre, m'aura déclaré la guerre ! Où donc pourrions-nous nous nourrir dans cette ville de pleure-misère !" Jusqu'ici, de ce côté-là, les choses se passaient plutôt bien (mieux vaut encore manger au-dessous de son appétit que de défier Maréchal !). C'est le vieux en personne qui avait monté la combine. Il n'en livra le secret qu'au moment où, vaincu par l'arthrite et les œdèmes, il fut incapable d'y aller lui-même, autant dire au Déluge ! Mais, au square, sur les berges du fleuve comme à l'esplanade de la gare, tous les gonzes étaient formels : Maréchal ne manqua jamais de partager, que ce soit un bâton de salami ou une rasade de pinard. Ce qui fait qu'on lui avait toujours pardonné de se taire sur son mystérieux sésame.

Au début, j'avais une folle envie de taper dans la gueule de Crimée quand il me montrait du doigt en me traitant de grand roi bamboula ou quand il m'intimait l'ordre de me lever du banc, sa bonne petite garçonnière, comme le prétendait le bougre. Pourtant, je leur avais bien dit mon nom (Oscar Xiquino do Nascimento) ainsi que mon âge et le nom de mon pays. Mais apparemment, c'était encore plus obscur pour eux que si je m'étais tu.

– Angola, répétai-je plusieurs fois. Angola ! Non Anglais ! Non Zambiga, Golo ou Galapagos !… Oui, c'est ça, j'ai dû fuir la guerre !

– Tu es venu nous faire la guerre ! s'énervait cette idiote de Cybèle en se saisissant d'un cadavre de Cointreau.

– T'as rien compris, rectifiait Smirnoff. Il veut simplement fustiger Bébert !

– Non, criai-je de nouveau. Je m'appelle Xiquino et j'ai dû fuir la guerre qu'il y a dans mon pays.

– Là-bas, vous avez aussi un fleuve ? demandait Crimée… Eh bien, tant mieux pour vous parce que les guerres, c'est pas ça qui manque.

Maréchal regardait sans rien dire et je ne savais quel fichtre sentiment son visage voulait bien exprimer. Puis, il interrompit tout le monde de sa voix de rogomme, paisible et forte, que personne ne peut jamais contredire.

– Nous l'appellerons Xinxin, un point c'est tout ! Quant à son pays, il n'aura même plus besoin de le nommer dorénavant.

Cela n'empêcha pas Pois-Chiche, une fois qu'il fut parmi nous, de m'appeler Mamadou. Moi, j'aurais préféré Ofpra. Ofpra d'Angola ! C'est par ce sobriquet-là que les *frères-pays* m'appelaient quand je vivais encore au *rentrer-coucher* de la rue du Département. Là-bas, on était toujours l'Ofpra de quelqu'un d'autre : Ofpra de Guinée, Ofpra du Tchad, Ofpra du Rwanda et de Somalie, que l'on ait un récépissé de la dame de la préfecture ou pas... Seulement, Maréchal m'intimidait un peu. Quant à Pois-Chiche, il n'en faisait jamais qu'à sa tête. Un drôle de petit bonhomme ! Toujours à se moquer des autres et à se mêler de ce qui ne le regardait pas avec un bagout de petit bravache ! Seulement, le jour où mourut Crimée, il n'était plus pareil. J'avais la drôle d'impression qu'il tremblait de trouille.

Ce jour-là, Maréchal avait découvert Minou dans un vieux carton, la bouche, les pattes et les narines plusieurs fois passées à l'agrafeuse. Le vieux s'était saisi de sa barre de fer et avait intimé l'ordre à Crimée de plonger dans le fleuve, sans s'emporter le moins du monde :

– Je te pardonne tes parties de jambes en l'air avec Cybèle, je te pardonne tout, même la mort de Téquila mais ça non ! C'est tout ce qui me restait, tu comprends ! Et ne nie pas, sinon je t'y pousse moi-même.

C'est ainsi que Crimée avait plongé, croyant peut-être que c'était une blague. Après quelques brassées désespérées, il avait tenté de se rapprocher de la berge. Mais Maréchal l'attendait sur le rebord du quai avec sa barre de fer et lui donnait des coups sur les mains chaque fois qu'il tentait de s'agripper. La scène dura près d'une demi-heure, puis Crimée disparut en laissant à la surface de l'eau d'incroyables cercles concentriques. Maréchal rejoignit son tas de vieux chiffons. Tout le monde resta sur le rebord du quai sans même oser tousser. La nuit était maintenant définitivement tombée quand on vit Pois-Chiche se diriger vers le vieux sans plus une seule trace de sa légendaire fierté :

– Ce... Ce n'est pas Crimée ! C'est... C'est moi ! Tu ne vas pas m'en vouloir pour ça, Maréchal ! Après tout, ce n'était qu'une souris !

JEAN-FRANÇOIS JOLY est né en France le 14 août 1961. Dès avril 1990, il signe ses premiers reportages photographiques. A partir de 1992, son regard se fixe sur ces visages qui évoquent l'errance et l'exclusion : il commence à photographier les sans domicile fixe dans les rues et sous les ponts de Paris, les activités de l'Armée du Salut et du Samu Social. Il fait une longue halte auprès des patients et du personnel soignant de l'antenne médicale du CHAPSA, le Centre d'hébergement et d'accueil pour les personnes sans abri à Nanterre. Chaque jour, les cars de police de Paris et de la RATP y amènent – souvent contre leur volonté – quelque soixante hommes et femmes, extraits de leur "monde" pour être douchés, déparasités, pour dormir, recevoir des vêtements propres et des soins. Jean-François Joly est captivé par l'intensité de la relation qui se tisse entre le personnel soignant et les "patients", par l'expression de leur corps, support d'eczémas, psoriasis et lésions de toute nature. Jean-François Joly a réalisé ces portraits grâce au système Polaroïd qui lui permet de donner – ou rendre – une image instantanée à ces êtres. *Naufragés de la ville* (éditions Contrejour), son premier livre, est le résultat de ce reportage qui s'intègre dans un vaste projet photographique sur les grandes détresses de nos sociétés. Ce projet a mené Jean-François Joly à Zurich, au Centre Sune Egge, lieu d'accueil des toxicomanes, à Moscou, dans les centres de détention particuliers pour "bomji" (sans-abri) et au Caire, au cœur des bidonvilles.

TIERNO MONENEMBO est né en 1947 en Guinée. Il est peul. En 1969, il doit fuir son pays et le régime de Sékou Touré, son ennemi juré. Il prend alors le chemin de l'exil et traverse, en nomade involontaire et volontaire à la fois, le Sénégal, la Côte d'Ivoire, l'Algérie, le Maroc. Il arpente aussi le Niger, le Brésil, le Cameroun... Actuellement établi à Caen, en France, ce docteur en biochimie a délaissé l'enseignement et a choisi de se consacrer à l'écriture pour mieux "chercher ses racines" et "scruter la terre". Il est l'auteur de cinq romans, tous publiés aux éditions du Seuil : *Les crapauds-brousse* (1979), *Les écailles du ciel* (1986), *Un rêve utile* (1991), *Un attiéké pour Elgass* (1993) et *Pelourinho* (1995). Ses écrits déclinent tous l'exil, l'errance, sa Guinée perdue ; ils fixent le monde avec ce regard décapant sur les laissés-pour-compte, les petits, les hors-marge.

Vieillesse et solitude

Photographies de
Jane Evelyn Atwood
réalisées en France

Voyage au bout de l'âge
Commentaire de
Lye M. Yoka *(Zaïre)*

Maison de retraite à Paris, 1979.

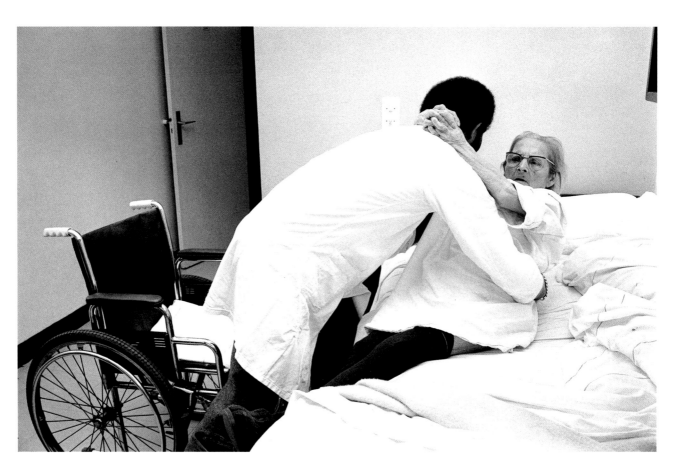

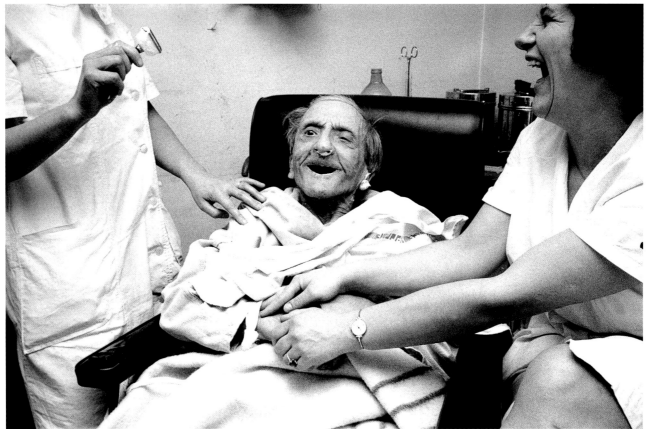

VOYAGE AU BOUT DE L'ÂGE • Je me présente : Kenilia. Ici, en Europe, ce nom ne veut rien dire. D'ailleurs ici, dans ce pays de nos oncles blancs – les *Nokos*, comme on les appelle chez nous –, leurs propres noms (et leurs noms propres !), comme on sait, ne veulent rien dire, sauf à l'état civil et à la banque. Les dix millions d'habitants de ce pays-ci d'oncles à la retraite n'ont plus de noms : ils sont tous des fiches. Ils sont les décors et les fiches des statistiques flamboyantes pour civilisations ivres et obèses de chiffres. Pour civilisations croque-morts et vampires qui broient leurs enfants dans leurs mâchoires de fer et de machines, et les évacuent à la casse après usure. Ces dix millions sont en majorité des vieillards, ce sont des fiches rabougries qui traînent leurs ombres sur la dalle froide de l'hiver – et ici l'hiver est la seule saison douze mois sur douze...

Je me présente : Kenilia. Chez nous, les noms sont des énergies ; c'est pourquoi ils doivent se partager et se propager à l'infini. Mon nom est l'infini d'une longue lignée de princesses. Des princesses filles uniques. Et dans mon pays, les filles uniques sont des princesses de toutes les familles.

Ici, dans ce pays de neiges soi-disant éternelles, mais surtout ici, dans cet hospice de vieillards où je travaille comme bonne pour échapper aux affres des tropiques là-bas et aux rafles de la police ici, tout est unique et tout le monde est unique. A commencer par le bâtiment de l'hospice même, paumé au milieu d'un parc hérissé d'eucalyptus et de rosiers, véritable mausolée d'un cimetière camouflé. Le parc-cimetière lui-même est coincé dans cette banlieue lointaine entre deux quartiers vieillards de la ville comme une île oubliée, une île hantée. Tous nos oncles blancs, toutes nos tantes blanches de ce home-mausolée sont des fils et filles uniques. Mais autrement que chez nous. Ici, je l'ai dit, ce sont tous et toutes des îles oubliées, des îles fantômes. Des îles qui ont bu au goulot leur fond d'apéritif amer avant la cuite fatale et éternelle.

Voici, par exemple, les vieilles de l'hospice : pires que des îles fantômes, ce sont de simples fiches ! Des numéros. Fiche contre fiche. Numéro sur numéro. Des fiches ratatinées, courbaturées, chiffonnées. Fiches sans tête ni queue, c'est-à-dire sans racines familiales. Sans reconnaissance héritière. Ces vieilles ne parlent d'ailleurs presque jamais de leurs enfants, sauf de temps en temps à la fin du mois, en bégayant et la larme au coin de l'œil, quand un chèque postal expédié d'on ne sait où par on ne sait qui atterrit dans leurs mains. Pas d'expéditeur. Pas vraiment de destinataire…

Je me présente : Kenilia, princesse unique des tropiques uniques au centre unique de l'Afrique unique. Princesse SDF – Sans document fixe – exilée dans ce home de vieillards SDF – Sans domicile fixe –, presque à l'abri – jusqu'à nouvel ordre – des coups de poing des policiers. Princesse chez moi, mais réduite ici à une fiche unique, à une fiche ballottante au gré des racismes. Princesse en disgrâce, je me console cependant d'être là, dans cet antre de zombies pour tenter d'apporter un rien de rayon de soleil magique que j'espère avoir gardé dans mes yeux.

Les yeux : voilà la magie de notre langage commun, entre mes vieux d'ici et moi. Ces vieillards n'ont plus de jambes, plus de visages, plus de voix, plus de dents. Ils ont les yeux. Ils sont les yeux. Des yeux uniques. Des yeux qui parlent, parlent, gesticulent, gesticulent. Tenez, cette vieille-ci par exemple : regardez comment elle me regarde ! Son regard dit clairement : "Ma fille, vous êtes bonne comme le pain. Bénie soit la mère qui vous a vu naître !" Regardez, en revanche cet autre regard-là ; je le reconnais comme celui des sorcières de nos forêts tropicales. Ce regard ne m'aime pas. Ce regard me dit : "Ma négresse, c'est assez de bouffer de notre pain. Maudite soit la race qui t'a vue naître. Circule, il n'y a rien à voir !"

Ah, j'oubliais : il n'y a pas que les yeux, il y a aussi les mains ! Des mains noueuses, possessives, traversées de tatouages millénaires et de sillons profonds qui sont autant de pèlerinages douloureux au bout de l'âge.

Regardez plutôt ces regards-là croisés, mais surtout ces mains-là croisées de ces tourtereaux-là amoureux. Elle et lui ne regardent personne. Ils ne se regardent même pas : leurs propres regards sont un même regard, pudique et unique. Leurs mains entrecroisées chuchotent des soupirs d'éternité. Des minutes uniques volées à une éternité unique !

… Voici à présent dans la pénombre des couloirs et du crépuscule des ombres vaporeuses qui rasent les murs de l'hospice et gueulent à tue-tête des insanités. Deux vieux lions décharnés, brinquebalant et gueulant leurs rancunes contre des fils prodigues et ingrats, contre les filles sorcières, contre les chèques postaux anonymes, contre les riches et leurs fiches suspectes. Ces deux ex-hommes condamnés à l'exil à l'intérieur d'eux-mêmes crient contre les douze mois de neige faussement éternelles, contre les rhumatismes inventés par l'infirmière acariâtre de l'hospice, blanche blonde pâlie par une ménopause précoce et raciste contre sa propre race. Ces ex-hommes condamnés me prennent à témoin et veulent savoir, la voix étranglée de sanglots, s'ils sont vivants parmi les morts ou des morts parmi les vivants…

Les yeux, toujours les yeux ! La magie du verbe par le simple regard. La magie de la princesse des tropiques sur les oncles des hivers interminables. Je les ai regardés dans les yeux pour en faire des otages de tout mon don. Don unique et gratuit. Les yeux dans les yeux, j'ai alors raconté à ces hommes exilés d'eux-mêmes comme on raconte aux enfants de chez nous au clair de lune, j'ai raconté le destin actuel de mon propre oncle resté au village, là-bas en Afrique, à la périphérie des nouveaux tropiques confisqués par les nouveaux riches. J'ai évoqué l'oncle sang de mon sang, ravivant sa vieille jeunesse au flanc de ses quatre femmes et de ses vingt-cinq gosses ; l'oncle ignoré des statistiques officielles, dans un village à l'annexe de la géographie. Mais l'oncle gourmand qui a mangé sa vie et attend d'achever la demi-vie restante.

Et puis, toujours les yeux dans les yeux, j'ai scandé à "mes" vieux solitaires ce proverbe swahili qu'affectionne tant l'oncle tropical : "Kinywa ya mzee yatosha harufu, lakini hayitoshi uwongo." A ces mots rocailleux, hilarité générale chez les sans-âge ! J'ai compris qu'il fallait traduire : "La bouche du vieillard sent mauvais, mais elle ne débite jamais de mensonges." J'ai compris également, comme l'oncle du village me l'avait appris au temps de mon enfance, qu'au proverbe s'ajoute la berceuse, celle qui rythme et clôt enfin les paupières du crépuscule. Et, toujours les yeux dans les yeux, j'ai chanté à "mes" vieux solitaires enfin rassérénés cette berceuse que chantait il y a si longtemps à l'enfant que j'étais l'oncle sang de mon sang :

Au bout de la nuit
Passe l'éboueur du ciel
Il cherche à voir le sexe et l'âge
des nuages

Tournent retournent les jours

Au bal de la nuit
Passe le marchand des vieilles étoiles
Qui cherche à troquer les nuages neufs
contre de vieux

Tournent et retournent les jours

Au bout de chaque nuit
L'éboueur et le marchand sont bredouilles
Les nuages n'ont   ni sexe
ni âge
ni prix !

JANE E. ATWOOD est née à New York en 1947 et vit en France depuis 1971. Elle est l'auteur de trois livres, travaux documentaires de longue haleine : les deux premiers sur les prostituées de Paris avec qui elle partage de nombreux mois et le troisième sur la Légion étrangère française. Divers prix internationaux ont distingué ses reportages : en 1980, elle est la lauréate de la première bourse de la Fondation W. Eugene Smith pour son projet sur les aveugles. Avec son reportage *Histoire de Jean-Louis, malade du sida*, elle remporte un prix au World Press Photo en 1987. A partir de 1990, elle entame un travail sur les prisons de femmes en URSS, plusieurs fois distingué, ce qui lui permet de continuer ce travail de fond dans le monde. Membre de l'agence Contact Presse Images pendant plusieurs années, elle est distribuée par l'agence VU depuis 1995.

Jane Evelyn Atwood a réalisé ce reportage auprès des personnes âgées dans une maison de cure médicale de Paris, en 1979.

LYE M. YOKA est né à Kinshasa, au Zaïre, en 1947. Docteur ès lettres à Paris-Sorbonne, il a tour à tour dirigé les études de l'Institut national des arts, les Presses universitaires du Zaïre et le Théâtre national, avant d'être conseiller culturel du premier ministre. Spécialiste des rapports entre le pouvoir et la culture populaire, il est l'auteur de nombreux articles, pièces de théâtre et nouvelles, plusieurs fois distinguées par des prix littéraires internationaux. Il est aujourd'hui recteur de l'université Cardinal Malula de Kinshasa et collabore au journal zaïrois *Le Soft*. Pendant plusieurs années, il y publie ses désormais célèbres lettres-fictions, adressées par un chômeur kinois à son oncle resté au village. Dans ces pamphlets, Lye M. Yoka livre une terrible peinture de Kinshasa au temps de la transition politique bloquée, capitale "conjoncturée en proie à la démon-cratie", mégaville où "les élèves ne s'élèvent plus, les ministres n'administrent pas, les présidents ne président plus"... Avec l'œil aigu d'un sociologue, la plume corrosive et humoristique d'un grand écrivain, Yoka a su dire le désarroi et la colère d'un peuple trahi dans ses espoirs. Un large échantillon de ces chroniques, ainsi que quelques autres textes écrits autour de personnages-symboles du Zaïre d'aujourd'hui sont publiés en 1995 dans un recueil intitulé *Lettres d'un Kinois à l'oncle du village* (éditions, Cedaf, Bruxelles, et L'Harmattan, Paris). Cet ouvrage a obtenu le prix Radio France Internationale en 1996.

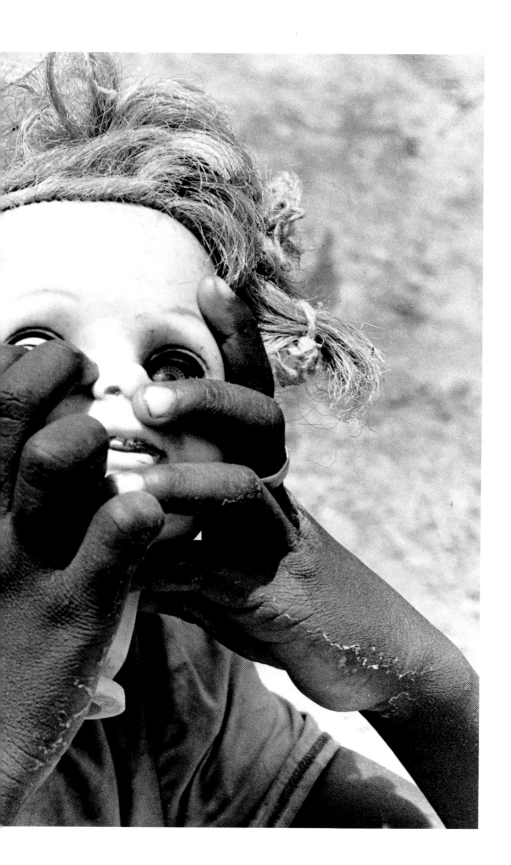

La couleur exclue

Photographies de
Eugene Richards,
Many Voices,
réalisées aux USA

*"Unbuntu" ou être
quelqu'un grâce
aux autres*
Commentaire de
Desmond Tutu
(Afrique du Sud)

1973, Hugues, Arkansas.
Une petite fille pauvre, enfant de
pasteur, attrape le tête d'une pou-
pée que lui lance un autre enfant.
Le delta du Mississippi était et reste
l'une des régions les plus déshéri-
tées d'Amérique. Autrefois, la
plupart des gens étaient métayers.
Aujourd'hui, le taux de chômage
est très élevé et l'exode vers les
villes continue.

double page précédente :

page de gauche : 1988, Washington, D.C. Famille vivant dans la capitale d'une nation déchirée par la fracture sociale et raciale

page de droite, en haut : 1975, Boston Sud, Massachusetts. Des enfants jouent dans un quartier couvert de graffitis racistes.

en bas : 1979, Dorchester, Massachusetts. Par une après-midi torride, des enfants noirs et blancs se disputent pour savoir qui va utiliser le panier de basket-ball. Les parents se mettent, eux aussi, à se disputer.

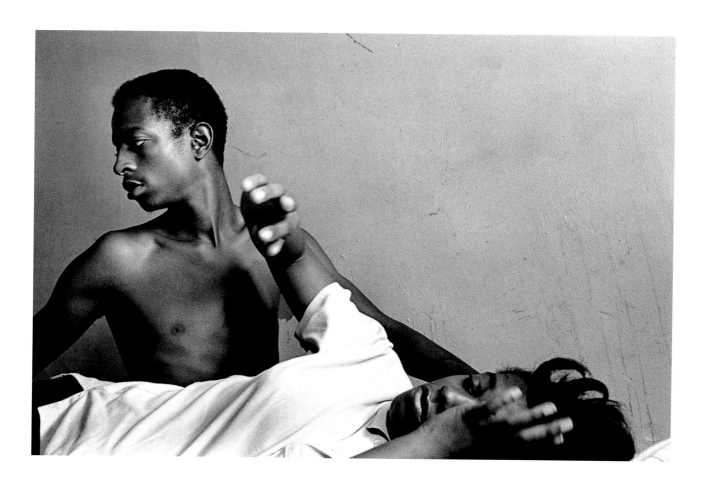

1986, Chicago, Illinois. Shokey, douze ans, est enceinte. Elle se dispute avec son petit ami, vingt et un ans et père d'autres enfants, pour savoir s'ils resteront ensemble. Ils habitent un chantier de logements sociaux inachevé.

page de gauche : 1986, Earle, Arkansas. Ce garçon de dix-sept ans, endimanché, a ramassé des sacs entiers de bulletins de pari sur un champ de courses de chiens. Quand il aura parcouru les trente kilomètres qui le séparent de chez lui, il triera fébrilement les ordures dans l'espoir de trouver un bulletin gagnant non réclamé. Son rêve le plus cher : gagner de l'argent pour sa famille.

1991, Philadelphie Nord, Pennsylvanie
Philadelphie Nord est un quartier miséreux, en proie à la drogue. Plus de la moitié des habitants sont liés d'une manière ou d'une autre à ce fléau. Les Noirs sont particulièrement suspectés par la police du quartier. Cet homme, soupçonné de porter une arme, doit se mettre à genoux. Ils ne trouveront aucune arme.

1992, New York Est, New York
Pipe à crack. Cette jeune femme a vingt-quatre ans.
Elle doit faire le trottoir dans ce quartier très violent,
où le meurtre est monnaie courante, pour gagner
l'argent qui lui permettra d'acheter sa drogue.

"UNBUNTU" OU ÊTRE QUELQU'UN GRÂCE AUX AUTRES

Alors Dieu dit : "Faisons l'Homme à notre image et à notre ressemblance... Et Dieu créa l'Homme à son image, il le créa à l'image de Dieu ; il le créa homme et femme... Dieu les bénit... Dieu regarda son œuvre et il vit que cela était bon..."

Cette citation de la Bible, le premier livre de la Genèse, c'est une partie de l'histoire de la création, l'explication mythique de nos origines. Peu importe que nous y croyions ou non. Ce qui compte, ici, c'est la référence à Dieu, le créateur de toute chose, la source de vie, qui choisit le genre humain pour se reproduire.

Nous sommes tous créés à l'image de Dieu. Nous portons sa griffe. Nous portons l'empreinte de Dieu. Et c'est la raison pour laquelle nous devrions avoir le plus grand respect de chacun.

Quand ils saluent, les bouddhistes s'inclinent respectueusement devant l'autre. Ils montrent ainsi qu'ils reconnaissent en lui l'empreinte de Dieu.

La religion chrétienne est subversive, je l'ai toujours soutenu. Les oppresseurs, et cela vaut aussi pour les partisans de l'apartheid, doivent bannir la Bible s'ils veulent vraiment réussir leurs abominations. Car la Bible déclare, et c'est sensationnel : "Chaque homme est précieux et a une valeur infinie."

Donner une valeur matérielle à une vie ? Impossible. Quand un marin tombe à l'eau, en pleine mer, personne ne se demande s'il vaut vraiment le prix de l'hélicoptère parti à sa recherche. Non, au contraire, les services d'urgence se coupent en quatre, les équipes font des heures supplémentaires et on mobilise du matériel coûteux. Rien n'est négligé pour sauver une vie. Ce serait inconcevable, inacceptable de calculer le prix d'une expédition de sauvetage et puis d'affirmer que cela n'en vaut pas la peine. Chacun sait qu'une vie est précieuse et que tout doit être fait pour la sauver.

Loin de toute urgence pourtant, dans le quotidien, nous commettons souvent des erreurs. Nous oublions que chacun a le droit de vivre dans la joie, passionnément, de partager ce que la vie offre d'amour, de tristesse, de larmes et de rires.

La discrimination basée sur des "attributs biologiques", comme la couleur de peau, est absolument fausse. Mais pas seulement, elle est aussi diabolique. Elle traite l'autre comme un sous-être et nie le Dieu qui est en lui. Imaginez un instant un monde où tous les hommes seraient pareils, ils se ressembleraient tous, de Tokyo à Londres en passant par Delhi ou Khartoum. Une seule langue, une seule culture, une seule couleur… Quel ennui ! Si Dieu nous a créés différents, c'est pour mieux nous enrichir de nos différences.

Les photos de ce livre parlent de l'humanité bafouée. Du mépris de la diversité et de sa richesse. Toutes ces vies, soupesées, étiquetées, tarifées dont on a décidé un jour qu'elles ne valaient pas grand-chose. Pas même le dérangement d'une équipe de secours.

C'est ce que nous avons vécu en Afrique du Sud, sous l'apartheid. Si votre peau était noire, votre vie avait très peu de valeur. Les autorités ont réussi à convaincre l'électorat blanc de cette "vérité"… ouvrant grandes les portes à la fabrication d'autres mythes de cet ordre-là. Ainsi, les Noirs ne ressentiraient pas la douleur comme les Blancs, ils n'aimeraient pas leur famille comme les Blancs, ils ne partageraient pas la joie, les rires, l'amour et les richesses de la vie comme les Blancs. On a déshumanisé les Noirs – ils n'étaient plus que des êtres "différents" et inférieurs, surtout au dessein que Dieu caressait pour eux lors de la création.

Il est plus facile de traiter un homme déshumanisé comme un objet, comme une chose. Et dès lors, de le chasser de sa maison en prétextant la pureté raciale, de l'empêcher de travailler, de contrôler sa liberté de mouvement, de réduire au silence toute opposition politique et de créer ainsi une oppression monstrueuse. Comble d'ironie et de tristesse : l'Histoire a fini par démontrer que ce sont, en réalité, les auteurs de ces mythes qui manquaient le plus d'amour, d'humanité et de noblesse d'esprit.

Je ne crois pas que l'Histoire se répète. Mais je sais que nous sommes lents à tirer les leçons de nos erreurs. Je crois qu'il y a plus de tolérance, de respect, de partage dans le monde qu'il n'y en a jamais eu. Et je remercie Dieu... Mais je sais aussi que les préjugés et les discriminations ont la vie dure. Là où ils prennent racine, la pauvreté devient une prison pour leurs victimes. Et il est souvent plus simple de collaborer avec les geôliers que de se battre pour les prisonniers.

J'espère que ces photos feront parler d'elles.

Ce qui est bon pour les pauvres est bon pour toute la société. Et s'ils sont négligés, abandonnés, c'est toute la communauté qui en pâtit.

Je crois que nous sommes faits à l'image de Dieu. Que nous sommes tous frères et sœurs. En Afrique du Sud, nous disons "ubuntu". C'est difficile à traduire mais, en gros, cela signifie que l'on devient quelqu'un grâce aux autres. Définitivement, nous avons été créés pour l'interdépendance. Et lorsque nous reconnaîtrons cette vérité, que nous la vivrons pleinement, alors seulement nous prendrons la mesure de notre humanité. Et nous saurons ce que veut dire le mot "liberté".

EUGENE RICHARDS est né en 1944 à Boston, aux Etats-Unis. Licencié en littérature et journalisme, il étudie la photographie au Massachusetts Institute of Technology. En 1968, il rejoint l'agence VISTA et travaille comme "health advocate" dans l'Arkansas. Deux ans plus tard, il crée une association de service social, Respect, qui publie un journal communautaire. C'est en 1973 qu'il publie son premier livre, *Few Comforts or Surprises : The Arkansas Delta*. Dès 1974, en free-lance, il couvre l'actualité mondiale pour les plus grands magazines américains et internationaux. Il fonde Many Voices Press en 1978, qui publie ses propres livres : *Dorchester Days* et *50 Hours*. C'est en 1979 qu'il entre à l'agence Magnum, qu'il quittera en 1995. *Exploding into Life*, le journal de bord en textes et images d'une patiente atteinte du cancer, reçoit le Nikon's Book of the Year en 1986. Un an plus tard, Eugene Richards est nommé Photo Journalist of the Year par l'International Center of Photography pour son travail sur la pauvreté aux Etats-Unis : *Below the Line : Living Poor in America, The Knife and Gun Club : Scenes from an Emergency Room* sont deux des publications de cette recherche de fond. Eugene Richards multiplie les travaux de fond sur le continent américain, véritables recherches sociologiques et iconographiques : *Cocaine True, Cocaine Blue* (1994), tranches de vie de consommateurs de drogue et *Americans We* (1995). Eugene Richards est l'un des photographes les plus renommés, il a reçu les prix internationaux les plus prestigieux comme The Leica Oskar Barnack Award, The Olivier Rebbot Award du Overseas Press Club, et ICP'S Infinity Award for Best Book pour *Americans We*.

DESMOND TUTU est né en 1931, à Kerksdorp, en Afrique du Sud. Après des études au King College de Londres, il est nommé à l'Université pour Noirs de Fort Hare où il rencontre Steve Biko, une rencontre déterminante. Dès 1976, ce prêtre, fils d'un instituteur des *townships*, fait parler de lui : il est alors doyen de la cathédrale de Johannesburg. La sanglante répression des émeutes écolières le pousse à s'engager publiquement aux côtés des mouvements de libération. Deux ans plus tard, il est nommé secrétaire général du Conseil sud-africain des Eglises : c'est le premier homme de peau noire à diriger cette institution œcuménique. En 1984, il reçoit le prix Nobel de la Paix et, un an après, est consacré évêque de Johannesburg. Pendant dix ans, de 1986 à 1996, il est "métropolitain anglican, de l'Afrique australe", c'est-à-dire le guide spirituel de plus de trois millions de fidèles. Apôtre de la non-violence, le monde entier le regarde danser lors des premières élections démocratiques d'Afrique du Sud en avril 1994. En juin 1996, l'archevêque du Cap prêche son dernier sermon et prend sa retraite officielle. Infatigable acteur de la paix, il préside aujourd'hui la Commission de la Vérité et de la Réconciliation.

Racismes, extrémismes

Photographies de
Paolo Pellegrin
réalisées en Allemagne

Tout va bien
Commentaire de
Gasana Ndoba *(Rwanda)*

Devant une grille de protection arrachée.
Centre d'accueil pour demandeurs d'asile,
Pätz, Allemagne.

en haut : En regardant dehors par la fenêtre de sa chambre, un garçon se cache derrière les rideaux. Il a peur que les néo-nazis lui jettent des pierres. Centre d'accueil pour demandeurs d'asile, à Pätz. *En bas :* Manifestation pro-immigration, Berlin.

Néo-nazis, Dresden.

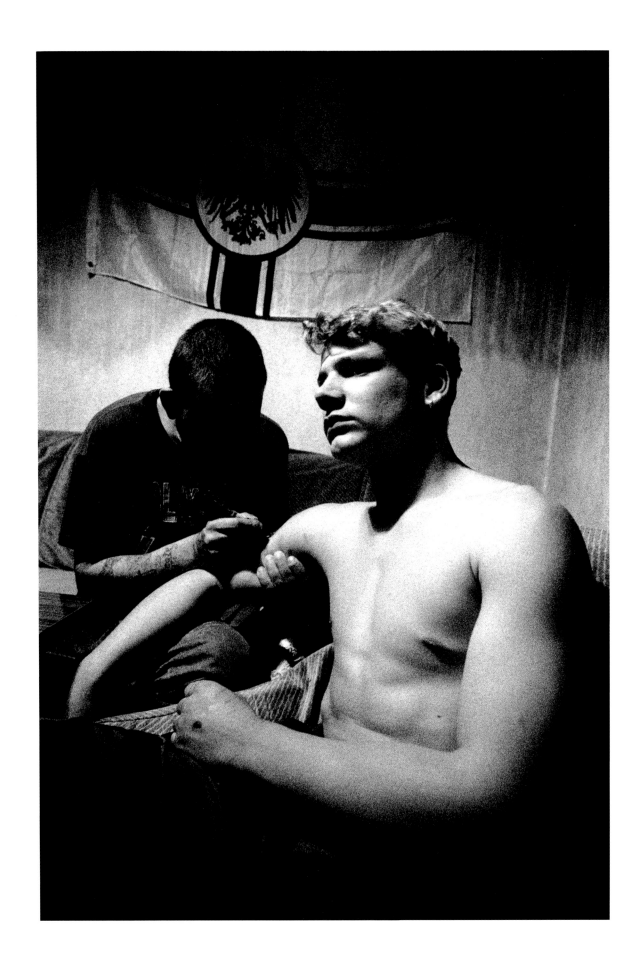

TOUT VA BIEN • Tout va bien. Les sciences et les techniques progressent à un rythme inouï. Les échanges commerciaux intra-européens et mondiaux sont en hausse constante. Les marchés financiers connaissent des performances jamais égalées par le passé. Tout va bien. Et pourtant des dizaines de millions de citoyens sont inquiets, dans tous les pays d'Europe, à travers diverses couches sociales. Drogues et suicides des jeunes poursuivent une montée apparemment inexorable. De nouvelles sectes font recette. Racisme et exclusion croissent et s'affichent sans fioritures. Mais tout va bien, nous dit-on, ou tout ira bien, passé le cap de la monnaie unique, et du regain de compétitivité. Néanmoins, l'inquiétude demeure, multipliant les interrogations. Comment comprendre qu'en 1996 Rudolf Hess, le dauphin désigné d'Adolf Hitler, condamné à la détention à perpétuité par le Tribunal militaire international de Nuremberg en 1946, ait à son tour, des dauphins qui osent revendiquer en public son héritage, bruyamment et de manière coordonnée, dans plusieurs villes de l'Allemagne démocratiquement réunifiée ?

Ces (parfois très) jeunes Allemands arborant croix gammées et autres insignes du IIIe Reich que montre le reportage contrasté de Paolo Pellegrin, réalisé en ex-Allemagne de l'Est en 1992, ont-ils eu l'occasion d'étudier l'histoire de leur pays, et quelle version ? Ont-ils entendu des témoins directs, leurs parents et grands-parents, des victimes survivantes, juives, allemandes, russes ou polonaises ? Ou le silence des aînés, censé protéger les jeunes comme le repos des âmes des défunts, n'a-t-il pas ouvert des brèches par où s'engouffrent les tentations d'hier, malgré les vigoureuses interpellations des années soixante-dix et quatre-vingt par une nouvelle génération d'Allemands déboussolés ?

Que dire de la pauvreté proche de la misère où l'œil du photographe surprend ces jeunes néo-nazis, dans un pays à la richesse insolente ? Rostock, cette ville où éclatèrent les premières des fameuses émeutes racistes d'août 1992, provoquées par des skinheads mais auxquelles participèrent également des milliers de "citoyens ordinaires", est une de ces agglomérations de l'ex-Allemagne de l'Est où les transformations économiques engendrées par la réintroduction du capitalisme s'accompagnent d'un accroissement brutal de la précarité des conditions de vie pour un très grand nombre de citoyens. D'où sans doute ce besoin de boucs émissaires, et cette disponibilité, apparemment croissante, de la population "autochtone" à répondre positivement à la propagande raciste et xénophobe.

Le reportage de Paolo Pellegrin campe deux pauvretés qui se font face : l'une silencieuse, résignée, intériorisée, sauf dans le regard vif des enfants – celle des demandeurs d'asile, établis dans une sorte d'état de siège permanent, enfermés dans des espaces métalliques, aussi nus que les lendemains de fin du monde –, l'autre agressive, criarde, en apparence sûre d'elle, prête à passer à l'acte au premier appel du premier chef charismatique venu. Une pauvreté qui tue, comme pour se convaincre qu'elle est, vit, et qu'elle peut envisager, contre toute évidence, un avenir qui serait enviable si l'autre, l'étranger, perçu comme le nouvel ennemi intérieur, débarrassait le plancher.

L'Allemagne, qui connaît aujourd'hui son plus fort taux de chômage depuis la seconde guerre mondiale, serait-elle seule en cause ? Hélas non ! Avec des modalités différentes, divers groupes et acteurs, en d'autres pays européens, nous rappellent que le nazisme et ses avatars, et d'une manière générale l'intolérance, sont plus que jamais des questions d'actualité, en Europe comme dans le reste du monde.

La victoire éclatante de l'extrême droite autrichienne aux élections européennes d'octobre 1996 indique que les plus hautes institutions européennes elles-mêmes ne sont pas à l'abri de la renaissance brune. En Italie, et cette fois dans le monde judiciaire, la libération manquée de Priebke par un tribunal militaire romain, début août 1996, constitue un autre signal d'alarme. N'eût été la réaction indignée et fulgurante de l'opinion publique, à laquelle la classe politique italienne a bien fini par se rallier, le responsable de l'assassinat de trois cents Juifs à Rome, en 1944, aurait été rendu à sa retraite tranquille dans l'un ou l'autre pays d'Amérique du Sud ou d'ailleurs.

La Grande-Bretagne n'a-t-elle pas attendu 1991 pour voter une loi permettant de juger des crimes de guerre commis hors du territoire britannique ?

Résultat récent de ce retard : Szymon Serafinowicz, ce criminel de guerre britannique d'origine polonaise de quatre-vingt-six ans, poursuivi, en janvier 1997, pour le meurtre de trois Juifs perpétré en 1941-1942 s'est vu dispensé de jugement pour inaptitude mentale à participer à son procès.

En Belgique aussi, la question des poursuites de Rwandais suspectés de participation active au génocide et aux massacres de 1994, et qui résident dans le pays où ils côtoient régulièrement des victimes survivantes et des proches de victimes décédées, continue de diviser l'appareil judiciaire ; cela malgré la percée que représente l'adoption de la loi du 16 juin 1993, relative à la répression des infractions graves aux Conventions de Genève du 12 août 1949 et aux Protocoles I et II du 8 juin 1977, additionnels à ces Conventions.

Du reste, la Convention pour la prévention et la répression du crime de génocide du 9 décembre 1948, quoique ratifiée par la Belgique dès 1951, attend toujours son introduction dans l'ordre interne. Ce qui a pour effet de décourager les magistrats instructeurs d'y recourir même quand ils ont à qualifier des faits de génocide caractérisés comme dans le cas du Rwanda.

En France, le raciste Front National de Jean-Marie Le Pen vient d'ajouter Vitrolles aux trois grandes villes qu'il contrôle depuis 1996. Dorénavant, ce sont les démocrates qui se trouvent sur la défensive. Et leur mobilisation lors de ce dernier scrutin, comme dans l'affaire des trois cents Africains sans-papiers retranchés à Paris, dans l'église Saint-Bernard, ressemble de plus en plus à une course contre la montre, perdue d'avance, tant paraît inéluctable la logique sécuritaire qui sert d'alibi à des politiques de plus en plus déshumanisantes.

Un maire FN dans un pays démocratique finira bien par rentrer dans le rang démocratique, dira-t-on. Rien à voir avec les massacres en Algérie, au Burundi, ni, à plus forte raison, avec le génocide des Batutsi au Rwanda, ou la purification ethnique qui a frappé, depuis 1992, plusieurs populations du Zaïre jusque, et y compris, dans la capitale Kinshasa !

Certes, il y a plus que des nuances entre les récentes victoires racistes au Nord et les tragédies du Sud. Pour autant, d'instructives analogies ne manquent pas. Les dizaines de milliers de victimes de la purification ethnique en ex-Yougoslavie, pays qui jouxte l'Union Européenne, nous rappellent combien rapide peut être le saut dans la barbarie, et combien facile demeure l'impunité pour les criminels contre l'humanité.

Jusque tout récemment au moins, l'Europe démocratique elle-même brillait par l'indifférence du plus grand nombre à un large spectre de cataclysmes extérieurs et intérieurs dans le domaine des droits de l'Homme. Un déficit de citoyenneté qui élargit considérablement la marge de manœuvre de groupes racistes, certes minoritaires, mais dont le discours s'enfle, comme aspiré par le vide d'idées et l'insuffisance des projets de "ceux d'en face" – les partis démocratiques – , dont l'électorat perçoit mal la menace générale que véhiculent les actes et les discours intolérants qui "ne visent que l'étranger".

Les conséquences de cette démission se traduisent notamment sous forme d'imprégnation de la société par le discours et le mode de pensée raciste, qui envahissent toutes les couches sociales, sournoisement d'abord, et puis de plus en plus publiquement. Le rôle des institutions chargées de transmettre la norme démocratique – l'école, les médias liés ou non au service public, les diverses structures associatives de la société civile – se réduit proportionnellement au bénéfice de forces insaisissables, qui ont pour nom : le marché, l'esprit de la race ou de la nation, la "vraie" religion, quand ces institutions ne deviennent pas peu ou prou le véhicule des anti-valeurs portées par les groupes racistes en expansion.

Les mobilisations observées tout récemment en Europe, et particulièrement en France et en Belgique, autour des thèmes de la défense de l'emploi, de l'école, de la protection de l'enfance, de la solidarité avec les immigrés ou avec les demandeurs d'asile auront-elles raison de la passivité courante, y compris lorsque les menaces racistes apparaissent comme éloignées dans l'espace et "typiques" de sociétés différentes ? Le défi est de taille.

En effet, un examen attentif de la relation entre certaines versions de racisme et de laisser-faire bien installées au Nord et les formes tropicales des idéologies de l'extermination ou de la purification ethnique révèle bien plus que de simples analogies. C'est ainsi qu'au nom d'intérêts commerciaux immédiats, voire culturels – la francophonie, par exemple – et de calculs géostratégiques contestables, un pays européen au moins, la France, et deux pays africains, l'Egypte et l'Afrique du Sud (encore sous le régime de l'apartheid), ainsi qu'une kyrielle de groupes "privés" du Nord et du Sud ont poursuivi la livraison d'abondantes quantités d'armes et de munitions au régime rwandais à la veille, pendant et après la perpétration du génocide et des massacres de 1994, et cela au mépris de l'embargo décrété par le Conseil de Sécurité de l'ONU dès le mois de mai 1994.

De même, des crédits mis à la disposition du Rwanda par la Banque Mondiale, le FMI, la BAD, le FIDA, l'Union Européenne, la Ligue arabe, diverses banques privées et divers pays, dont la France, la Belgique, l'Allemagne et la Suisse, on le sait aujourd'hui, ont servi, au su et au vu des bailleurs de fonds, à constituer l'arsenal avec lequel au moins 13 % des habitants du pays ont été exterminés. Dès lors, ce n'est plus d'analogie mais de véritable participation criminelle qu'il faut parler. De cynisme aussi d'ailleurs, puisque les survivants du génocide et des massacres sont sommés de rembourser les dettes contractées par le régime responsable de leurs mutilations, de la mort de leurs proches et de la destruction de leurs biens au cours d'une tragédie qui n'avait rien d'une fatalité.

Ainsi, la "commission ad hoc Rwanda" du Sénat belge a confirmé, en janvier 1997, que les autorités belges, politiques et militaires, étaient en possession, dès janvier 1994, d'informations sans équivoque indiquant qu'un génocide était en préparation au Rwanda, sous l'instigation des plus hautes autorités du pays, et que l'assassinat de Casques bleus belges était envisagé pour assurer le succès de cette entreprise criminelle en forçant la Mission des Nations-Unies pour l'Assistance au Rwanda (MINUAR) à se retirer. Aucune action préventive n'a été menée ni par l'ONU, qui avait demandé et obtenu l'envoi de 2 500 soldats pour le maintien de la sécurité au Rwanda après la signature de l'Accord de paix d'Arusha le 4 août 1993, ni par la Belgique qui ne peut invoquer l'inaction de l'ONU pour justifier sa propre omission d'agir devant l'évidence de la préparation d'un génocide et de crimes contre l'humanité d'une ampleur tout à fait exceptionnelle.

Le sommet de l'implication de la Belgique et de l'ONU sera atteint lors du retrait du contingent belge de la MINUAR le 19 avril 1994, sur la base d'une décision officielle du Conseil des ministres du 15 avril 1994, en pleine perpétration du génocide et des massacres. Accompagné d'une campagne initiée par la diplomatie belge afin de convaincre tous les autres pays pourvoyeurs de Casques bleus à la MINUAR de retirer leurs contingents, ce retrait aboutit à la neutralisation de fait de la mission, que consacre la résolution 912 du Conseil de Sécurité du 21 avril 1994, qui prescrivit la réduction de la force de l'ONU sur le terrain à un contingent symbolique de 280 hommes. L'ONU continuera à engager sa responsabilité dans le drame rwandais, puisqu'elle autorise la France à organiser, en juin 1994, l'"opération Turquoise" dans le sud-ouest du Rwanda, dont le résultat le plus tangible sera de permettre le repli en bon ordre, au Zaïre, des forces politiques et militaires responsables du génocide.

Dans ces conditions, il n'est pas surprenant que des auteurs présumés du génocide et des crimes contre l'humanité commis au Rwanda en 1994 aient pu trouver l'asile et l'impunité souhaités non seulement auprès de quelques régimes africains amis, mais aussi dans certains pays européens, dont la France, la Belgique et l'Allemagne. Il faut rendre hommage aux magistrats, aux avocats, aux démocrates et aux militants des droits de l'Homme qui prennent le risque de tenter d'ouvrir des brèches dans la muraille de complicité dressée par ceux-qui-ne-savent-que-trop-bien et de secouer l'indifférence d'une opinion publique taraudée par des soucis plus immédiats.

Face à la barbarie qui monte au Nord comme au Sud, en dernière instance, l'alternative est simple : ou la déroute commune, ou le sursaut général. Ou le citoyen reprend possession des clés de la cité et exerce réellement un contrôle démocratique sur ceux qui gouvernent en son nom, et, à tout le moins, les empêche de nuire. Ou la dérive se poursuit, perpétuant les crimes de droit international tels que le génocide et l'impunité, au nom de la raison d'Etat, et de prétendus intérêts culturels – un comble ! – ou géostratégiques. Du Sud au Nord. A nous de choisir.

PAOLO PELLEGRIN est né en 1964 à Rome. Il étudie l'architecture puis la photographie. Il commence à travailler à Londres sur la numérisation d'images et fait de la photographie industrielle et publicitaire. Ses premiers voyages le mènent au Proche et au Moyen-Orient, où il réalise une somme d'images sur l'architecture syrienne, égyptienne, libanaise... publiées dans des magazines spécialisés. En 1991, il commence à travailler pour Sintesi, une agence de presse italienne et entre à l'agence VU (France) en 1992. Il est l'un des premiers jeunes photographes italiens à s'être penché sur la réalité des sans-abri et des immigrés de son pays. L'enquête et le témoignage l'intéressent de plus en plus et il réalise divers petits sujets : le sida à Rome, les gitans en Europe, le cirque, les ex-terroristes italiens, l'Albanie post-communiste, etc. Quelques années passent et il décide d'aller voir à quoi ressemble – et dans quel contexte se développe – ce sida qui frappe son environnement et que l'on dit venu d'une Afrique lointaine... Il part alors en Ouganda d'où il ramène un reportage qui remporte, en 1995, le premier prix dans la catégorie Daily Life du World Press Photo et en 1996, le Prix Kodak du Jeune Reporter.

GASANA NDOBA est né au Rwanda en 1947, et vit jusque vingt et un ans, successivement au Rwanda, Zaïre et Burundi. Après des études de lettres et d'économie rurale en Belgique, il enseigne le français et la philosophie au Zaïre et s'investit dans la formation de coopérants au développement. Il publie de nombreux articles sur la littérature africaine dans les revues spécialisées internationales, ainsi que des traductions littéraires du portugais ou du kinyarwanda, notamment la nouvelle d'un des écrivains mozambicains les plus reconnus, Luis Bernardo Honwana, *Nos matamos o cao tinhoso (Nous avons tué le chien teigneux)*. Coordinateur du très actif Comité pour le respect des droits de l'Homme au Rwanda jusqu'en 1995, il milite actuellement au sein de l'association, créée en Belgique, Ibuka - Mémoire et Justice. Gasana Ndoba considère la construction de la mémoire et l'exigence de justice comme une urgence absolue après le génocide des Batutsi et les massacres d'opposants politiques perpétrés au Rwanda en 1994.

Médecins Sans Frontières soigne aussi les exclus des soins en Europe
Reportage de Marcel Leroy

Dans cette Europe à la mauvaise conscience sociale, les chômeurs et les SDF perdent pied, alors que des populations chassées de leur pays par les catastrophes économiques et les guerres tentent de s'accrocher à un espoir de vie ressemblant aux mirages vus à la télé. Partager la vie des missions de Médecins Sans Frontières à Bruxelles, Paris et Barcelone rappelle qu'il y a urgence. Ces missions nous forcent à regarder en face une réalité qui fait honte. Le quart monde se développe dans nos mégalopoles, en parallèle d'un luxe arrogant.

Bruxelles, Gare centrale. L'homme qui avait peur de mourir seul

La porte du semi-remorque blanc de MSF claque sur un homme emballé dans un gros manteau usé, jeté sur ses épaules comme une cape. Malgré l'angoisse qui marque ses traits, il salue les gens qui attendent de voir le médecin, s'assied. Mal à l'aise, il s'agite, puis saute comme un diable de sa boîte pour respirer à fond l'air glacé de la ville froide, située à des années-lumière des vies qui se recoupent ici.

Un vent chargé de pluie fouette le bus-dispensaire où des gens qui ne se sont jamais croisés échangent des regards, se disent, oubliant leurs problèmes : comment l'aider ? L'homme revient. La main droite à hauteur du cœur, il a peur de mourir d'une crise cardiaque. Inès, le toubib, mince, élégante, le fait entrer dans sa petite salle de consultation, l'ausculte et l'interroge patiemment, doucement, tend des médicaments, rassure. L'inconnu, soixante ans environ, se rendra à l'hôpital pour des examens complémentaires. Il souffre de solitude et de pauvreté, mais n'en dira rien. Il parle d'autre chose, de l'actualité, histoire de se raccrocher à quelque chose. Sa détresse est celle de toutes ces silhouettes qui émergent des rues de Bruxelles, sortant de l'anonymat, poussent la porte du dispensaire mobile de MSF et mêlent leurs destins, le temps d'une conversation et de silences qui en disent long, dans le cercle de lumière où l'on attend d'être entendu, ou reconnu, enfin.

Parce qu'il venait de France, un routard barbu qui boite et tousse ses poumons, a été rejeté par le grand hôpital où il demandait à être soigné : "Vous n'êtes pas un cas d'urgence", lui a-t-on expliqué. Il dit avec fierté gagner sa vie, en bossant douze heures par jour pour vendre *Macadam*, un journal pour les sans-logis. Il a la manière avec les clients. Il les accoste en lançant : "Vous n'avez qu'un billet de cinq mille francs ? Pas de problème, j'ai la monnaie!" Les gens rient, achètent. Le grand gaillard, secoué par une toux rauque, aura de quoi manger.

Yiahia, le chauffeur du dispensaire mobile – chauffeur de bus quand la ville est éveillée – connaît ces visiteurs du soir. Il trouve pour eux les mots qui apaisent, sans jamais dramatiser. Il encourage d'un sourire tout simple. Et Laurence, l'assistante sociale de l'équipe, blonde, jeune, jeans, blouson, écoute elle aussi, face aux gens dans son minuscule bureau, vérifie des papiers et en remplit d'autres, pour démêler les problèmes, régler des histoires complexes, guider les patients vers les services dont ils ignorent généralement l'existence. S'informer est difficile, sans moyens.

Serrés les uns contre les autres, des immigrés africains, un vieux retraité bruxellois, un jeune italien escorté par une jolie fille, une dame âgée et surprise d'avoir osé venir, un jeune homme qui dort à la gare et qui redoute une maladie vénérienne, sont montés à bord du bus médical où l'on soigne d'abord. Soir après soir, Gare centrale, Gare du Nord, des silhouettes qui finissent par devenir familières, prennent corps et âme devant les équipes de MSF.

Confrontée à cette dérive humaine, Inès, Française, fonctionnaire européen, médecin, qui a travaillé en Asie, en Inde et aux Philippines, estime que donner la médecine ici est aussi gratifiant. Elle appartient à l'équipe des huit médecins bénévoles qui se relaient dans le bus-dispensaire. "Nous touchons les SDF, les réfugiés d'Europe de l'Est, les immigrés... Des détresses n'arrivent pas au bus. Par pudeur, peut-être. En deux bonnes heures, il nous arrive de recevoir vingt personnes. Les gens sont dignes. Il nous faut parfois surmonter le problème de la langue. Les cas les plus courants sont des infections, des problèmes cutanés dus au manque d'hygiène, des affections respiratoires, gastriques, des maladies cardio-vasculaires. Nous pratiquons la petite chirurgie. Les cas plus lourds ou les toxicomanes sont dirigés vers des médecins amis travaillant dans leur cabinet ou à l'hôpital, ou vers des centres spécialisés. Un réseau se déploie autour du dispensaire mobile."

"Cet outil place l'exclusion sous une lumière crue" pense Inès. La raison d'être de MSF est d'aider tous ceux qui se perdent dans le sillage de la société, ceux qui ont perdu tous leurs droits, alors qu'ils sont des êtres humains. L'exclusion a des formes multiples, elle va du petit pensionné belge qui ne parvient plus à payer ses médicaments à la pharmacie du coin, aux immigrés clandestins, écrasés par les administrations. La société européenne ferme ses portes aux immigrés qui débarquent sans papiers ni couverture sociale. Un à un, ils grossissent le flot des exclus locaux, rejetés dans leur pays, par un système où l'homme est réduit à l'état de statistiques encodées dans des ordinateurs.

Début 1996, MSF a interpellé l'Etat et les services publics sur ce problème précis, en réclamant l'accès aux soins de santé pour toutes les personnes séjournant sur le territoire belge, alors que la politique belge d'immigration s'aligne sur la tendance européenne, de plus en plus sévère. Comme si l'article 25 de la Déclaration Universelle des droits de l'Homme n'était qu'un texte théorique destiné à donner du poids à des discours creux que personne n'imaginerait même d'écouter encore avec sérieux, face à la réalité de la rue. Un petit livret expliquant cette revendication a été remis à tous les acteurs politiques et sociaux.

Face aux symptômes d'une société qui voudrait ignorer les drames humains qui se multiplient, MSF avec son unité médicale mobile, pratique une aide humanitaire-diagnostic autant que thérapeutique. Il ne faudrait pas que cette mesure d'urgence devienne l'alibi déchargeant les autorités de leurs responsabilités.

Dans le bus, les médecins sont bénévoles et les médicaments donnés, grâce à une étroite collaboration avec Pharmaciens Sans Frontières, mais Inès insiste sur l'importance de rendre compte des résultats. Les toubibs de

MSF pratiquent une médecine très humaine, à quelques mètres d'institutions super-équipées. Pour cette femme, ce médecin engagé, soigner des patients à bord d'un bus, dans la capitale de l'Europe, est aussi révoltant que les famines qui ravagent des zones d'un monde pourtant capable de nourrir tout le monde. Parce qu'elle n'est pas d'accord, elle apporte son temps, ses connaissances et son attention à des inconnus dont elle se dit : qui sont-ils, d'où viennent-ils, quelle est leur vie, quel est leur voyage?

Paris. Passage Dubail. Françoise ne sera jamais une "pauvrologue"

Un immeuble peint en blanc dans une impasse perpendiculaire au boulevard de Magenta. Tout autour, la nuit, les théâtres s'animent au moment où les SDF se demandent où ils vont dormir. Proche des gares du Nord et de l'Est, ce quartier de Paris regorge d'ateliers de confection qui s'agitent comme des fourmilières. Combien de travailleurs clandestins dans ce quartier ?

Dans l'îlot de calme du passage Dubail s'est installé le dispensaire de MSF ouvert aux enfants et adolescents. Un endroit clair, propre où tout est neuf, frais, et l'ambiance généreuse. A l'abri du vacarme du boulevard de Magenta, où flotte l'odeur d'essence caractéristique des embouteillages, on se surprend à respirer plus calmement, en paix. Le "projet enfance-jeunesse" de MSF est une autre manière de cadrer les problèmes, puis de les régler.

Françoise, médecin lilloise, la trentaine, passionnée, révoltée contre toutes les injustices, a travaillé pour MSF à l'étranger et a vécu une année de SAMU (Service d'Assistance Médicalisée Urgente), dans le nord de la France. Un département frappé par la crise, avec les drames qui prolongent les fermetures d'entreprises, sur fond de friches industrielles. Après avoir soigné les urgences au bout du monde, elle voulait se replonger dans la réalité française. Elle en a vu plus qu'elle ne l'aurait imaginé dans un long cauchemar. Au cours de huit années de médecine de base au centre MSF de Saint-Denis, elle a été confrontée à des situations qui sont rarement étalées au grand jour. Là-bas, elle a vu un immigré clandestin être exclu de l'hôpital où on lui avait dit qu'il allait mourir s'il ne se faisait pas ses piqûres d'insuline deux fois par jour. Il n'avait pas de papiers, pas de sous. Il est resté dix jours dans le coma. Et cela malgré le droit défini par l'article 186 du Code de la Famille et de l'Aide sociale qui garantit l'aide médicale pour toute personne étrangère vivant en France.

Ce droit, conquis sur la base de nombreux dossiers tous poignants, il faut parfois se battre pour qu'il soit appliqué. Certaines lois sont des mirages destinés à rassurer. MSF, pour amener les députés à voter ce texte, a effectué un travail de sape. Toubibs et assistants sociaux ont constitué les dossiers, preuves à l'appui, prouvant que l'on pouvait mourir devant la porte d'un hôpital dans un grand pays comme la France. Avant que ce droit soit établi, Françoise a soutenu une immigrée rongée par le cancer et qu'aucun hôpital ne voulait accepter pour une opération. Neuf mois précieux ont été perdus, dit le médecin, les yeux humides, en se souvenant de celle qui est devenue une amie. Les dossiers en béton, le téléphone et le fax, l'obstination et la ténacité, ont fini par déplacer la montagne.

En mars 1993, la loi de juillet 1992 apporta une révolution par rapport à l'aide médicale : tout le monde avait vraiment le droit d'être soigné. Plus tard, quand il fut prouvé que les hôpitaux étaient hors-la-loi, en refusant des malades sans papiers, Simone Veil, ministre de la Santé, dut fournir des explications devant le Parlement. Une circulaire rappela aux hôpitaux leur mission première : soigner d'abord. Les institutions embrayèrent. Et MSF put imaginer d'autres projets, après avoir arrêté son centre de Saint-Denis, parce que les institutions avaient pris le relais. C'était le but.

Ailleurs dans le pays, la mission se poursuit : "On soigne, on pose le problème, on prouve qu'il existe, on travaille, on traque l'administration", poursuit Françoise. Après avoir soigné dans le bus-dispensaire de Lyon, elle n'a plus envie de bosser dans un cadre aussi précaire. Les patients ont droit à un dispensaire fixe. Des missions spécialisées (enfance, toxicomanie...) fonctionnent dans des dispensaires. Des équipes de rue vont aussi vers les toxicomanes, dans les lieux de passage, pour leur laisser la carte de visite MSF et un kit comportant une seringue, un préservatif et des conseils d'utilisation.

Les soins seront prodigués dans les différents dispensaires de MSF. Et ce travail de rue nous ramène au passage Dubail, qui commence sa vie, parce que le problème avait été révélé à Saint-Denis.

"Depuis deux ans à Saint-Denis, les travailleurs sociaux nous appelaient de plus en plus fréquemment pour des situations touchant des jeunes, explique le toubib. Les équipes mobiles croisaient de plus en plus d'adolescents vivant dans les gares, déboussolés par la drogue ou la vie tout court. D'où l'idée de créer un centre destiné aux jeunes de 6 à 18 ans, là où les problèmes sont les plus nombreux. Avant six ans, les gosses sont suivis par la protection maternelle et infantile. Après dix-huit ans, les adolescents ont droit à l'aide médicale pour tous, la conquête récente de MSF. Entre les deux, quelque chose manquait. "Passage Dubail, tout malade est soigné. C'est après que l'on cherche à comprendre pourquoi il est venu à nous", continue Françoise. Les adolescents sont reçus, écoutés, suivis s'ils le veulent. Le dispensaire fait de la prévention auprès des familles et des jeunes, parle des préservatifs, du tabac, de l'alcool, de la drogue, de la contraception, du sida. Ici, on parle beaucoup, avec de l'amitié et on ne juge surtout jamais. Le toxico sera soigné, à lui de décider s'il veut s'en sortir.

Lilia, une infirmière qui a bourlingué pour MSF au Soudan, au Niger et au Rwanda, a choisi cette mission en France pour sa proximité avec des problèmes que l'on peut croiser, à Paris, sans les voir. L'approche demande une attention aux autres de tous les instants. Le travail est plus dur qu'ailleurs, pense-t-elle, parce que le sentiment du voyage ne vous porte pas. Il faut trouver le rythme, réussir à rentrer chez soi, et à vivre normalement, après avoir côtoyé cette détresse humaine qui colle à la plus grande ville d'Europe. Reprendre le cours de sa vie personnelle pour continuer à soutenir les autres.

Comme Françoise, Lilia observe, dénonce, proteste. Les MSF du Passage Dubail veulent que le dispensaire devienne une référence. Un endroit qui montre que des jeunes ont droit aux soins et à la prévention. Françoise a une formule qui frappe pour décrire son travail : "Je ne serai jamais une «pauvrologue».

Nous ne soignons pas les pauvres, nous soignons des gens parce qu'ils ont droit aux soins."

Comme Inès à Bruxelles, Françoise pratique la médecine comme un échange.

Barcelone. David dans le fragile abri des bras de sa maman

Une jeune femme, immigrée péruvienne, sans papiers, monte dans le bus blanc de MSF garé sur le Parallel en face de la station Campsa, à deux pas du Barrio Chino, l'endroit le plus chaud de Barcelone. Pilar, infirmière bénévole, reconnaît la visiteuse qui lui lance : "Tu t'es coupé les cheveux ?" Deux fois par semaine la jeune femme est dialysée dans un hôpital. Elle attend un rein pour une greffe urgente. Les médicaments et les visites médicales, elle les reçoit dans le dispensaire médico-social sur roues. Pilar, l'infirmière, pense qu'ici elle vit la vraie médecine. "On se parle..."

La Catalogne compte entre 30 et 40 000 clandestins, Barcelone 50 000 personnes prostituées. Des chiffres que l'on voudrait rejeter. La drogue et le sida gênent la fière Barcelone post-olympique, ses stades, ses boutiques de luxe, ses restaurants à la mode, ses touristes étrangers, son image flamboyante de grand port méditerranéen, foyer de culture et de créativité.

Lancé en août 1994, le projet Barcelone de MSF se développe par étapes. En fonction des observations quotidiennes, il faut le corriger, le réévaluer, afin de serrer les besoins au plus près. Frédéric, le coordinateur du projet, un homme discret, autour de la cinquantaine, travaille depuis trente ans avec les prostituées, les drogués, les SDF et tous ceux que la société a largués. Entamé sous la dictature de Franco, son boulot était à l'époque une forme de provocation du pouvoir. Aujourd'hui, le bus de MSF a fatalement dérangé la bonne conscience démocratique, avant d'être accepté par les autorités qui commencent à brancher leurs services sociaux sur cette expérience fichée en pleine réalité.

Dans la salle d'attente du bus blanc, les clandestins, les prostituées, les drogués et les autres personnes en souffrance brisent le silence et reçoivent des soins. Sur la Rambla, un vagabond, qui jouait de la guitare, confirmait l'importance de ce bus. Sans papiers, sans domicile, à quelle porte frapper, sans crainte d'être repéré par les policiers ? Les gens de MSF ne remplissent votre fiche que si vous êtes d'accord. On soigne d'abord.

Quelques kilomètres plus loin, quelques heures plus tard, le bus de MSF pénètre dans un monde parallèle, difficile à distinguer dans la masse de la cité. Hospitalet est une ville-banlieue de 250 000 habitants, une sorte de ville-satellite de Barcelone. Le soleil de la fin de l'après-midi descend sur le barrio Santa Eulalia, carrer de la Fortuna, un magma de taudis sans eau courante ni égouts, coincés entre une voie express et les méandres d'une usine d'appareils de conditionnement d'air. Ces baraques à la dérive sont reliées à l'électricité par des fils piratant l'éclairage public. Des immigrés marocains et des Gitans survivent dans cet endroit qui ressemble à un camp de réfugiés. En hiver, les gens marchent dans quarante centimètres de boue.

"Les Gitans ramassent des débris de bois, allument un feu, chantent et dansent pour ne pas laisser tomber les bras", explique Maria-José, l'assistante sociale du bus de MSF. La jeune femme a terminé ses études depuis deux ans, prend son rôle à cœur, dépasse déjà les frontières du métier. Elle cherche à découvrir la vérité des gens qu'elle côtoie.

Avant ceux de MSF, personne ne s'aventurait dans le barrio de la carrer de la Fortuna. Trop dangereux, trop proche de la chute libre. Trop de drogue, de violence, de prostitution, de vol érigé en système économique. Pourtant, des familles vivent ici avec des enfants. Les uns et les autres ont appris à se connaître en attendant la consultation du toubib, à bord du bus blanc. Un terrain neutre où les Arabes et les Gitans ont commencé à se parler. La présence même du bus a rappelé que ce "no man's land" pour roman de science-fiction abritait des êtres humains dignes d'attention. Des gens montent dans le bus, en ressortent avec des sachets contenant des médicaments.

Chaleureuse, Maria-José embrasse une jeune femme enceinte de cinq mois. Au son de Radio Rambla, une Gitane lave son linge avec l'eau transportée dans des seaux remplis au robinet situé à l'entrée du barrio.

"Nous distribuons des médicaments, des préservatifs et des seringues", poursuit Maria-José.

Devant une maison dont elle referme la porte sur un chaos qu'elle voudrait cacher, geste d'une impressionnante fierté, une jeune mère, comme poncée par la vie, met son enfant dans les bras de l'assistante sociale. Beau comme un bébé pour pubs de langes à jeter, le petit David sourit, confiant, dans les bras de Maria-José. Visage fermé, assis sur les talons dans la poussière grisâtre, son père fait la gueule. Négligeant cette morosité, la maman reprend son enfant, l'étreint, le protège de son corps qu'elle voudrait plus solide. L'enfant a confiance.

Quelque part un transistor diffuse une chanson, bande sonore de cette rencontre qui n'est pas du cinéma. Que deviendra David ? La mélodie trop sirupeuse pour cet endroit où l'on dispose d'une vue plongeante sur les problèmes sociaux de l'Europe, a l'air de seriner des mensonges pareils aux publicités de la télé. Les pays industrialisés, étouffant dans le luxe, n'ont pas de leçons à donner aux pays les plus pauvres. Des SDF dorment dans des caisses d'ordinateurs en carton, sous les porches de la haute finance de Wall Street, à New York. Un vieux mineur et son fils handicapé mental ont vécu comme les survivants d'une catastrophe nucléaire, dans une décharge, en Belgique, parce qu'ils avaient perdu les papiers leur donnant accès à leurs indemnités.

Maillon d'une chaîne d'associations travaillant en première ligne sur le front de l'exclusion, MSF apporte sa spécialité de médecine d'urgence et sa volonté de dénoncer. Selon ses convictions de justice, MSF témoigne, ici comme ailleurs, à Moscou, Erevan ou Butare. Il ne faut pas aller au bout du monde pour soigner, mais regarder autour de soi. Et puis foncer, avant qu'il ne soit trop tard. Foncer en s'indignant et en s'obstinant. Il y a urgence.

MARCEL LEROY est journaliste au *Soir illustré* à Bruxelles. Depuis vingt-cinq ans, il traite de sujets centrés sur la détresse humaine. Il parle de cette frontière invisible de l'exclusion derrière laquelle tant de pauvres gens ont basculé, devenant de véritables "immigrés de l'intérieur". Il a obtenu le prix des Médias 1996, pour "Une société harmonieuse", décerné par la Fondation Roi Baudouin et le Centre pour l'égalité des chances.

L'intérêt porté par les photographes pour les questions sociales n'est pas nouveau. Il est né avec la photographie. Et si l'on sait que la photographie ne peut changer le monde, on sait également que certaines utilisations qui en sont faites, tant dans des publications que par des utilisations militantes, ont permis et permettent encore de faire connaître des situations critiques et, parfois, de mobiliser l'opinion publique. Le travail des enfants au XIXe siècle aux Etats-Unis ou la guerre du Vietnam sont des exemples éclairants de cette efficacité généreuse que peut avoir la photographie.

Aujourd'hui, alors que la télévision est le vecteur dominant de l'information en images, des photographes, par choix, continuent à témoigner, à enquêter, à dénoncer. Ils sont trop rarement publiés par la presse – surtout s'ils travaillent en noir et blanc – et l'on parle de "crise du photojournalisme" alors que la crise est celle des supports et de leurs fonctions.

Les photographes rassemblés ici sont tous ce qu'il est convenu d'appeler des auteurs. Ils ont tous travaillé leurs sujets par décision propre, en les finançant eux-mêmes la plupart du temps, et en s'attachant à produire, en utilisant au mieux la singularité de leur écriture visuelle, des ensembles cohérents qui dialoguent avec la complexité des situations. Leur engagement et la façon dont ils rendent patentes les crises de cette fin de siècle sont indispensables. Autant pour la dénonciation que pour la mémoire et l'espoir de voir enfin résolues des conditions insupportables, indignes. L'engagement de ces auteurs n'a d'égal que la rectitude de leur démarche et même si ce dont ils témoignent est bien noir, ils délivrent un message d'espoir.

Ouvrage réalisé par l'atelier graphique Actes Sud.
Reproduit et achevé d'imprimer en avril 1997
par l'imprimerie Le Govic à Nantes
pour le compte de MÉDECINS SANS FRONTIÈRES-BELGIQUE
et des éditions ACTES SUD

Photogravure : Le Govic, Nantes

Dépôt légal : avril 1997